영어 교과서 단숨에 따라잡는
초등 필수 영어 무작정 따라하기

초등 영어의 핵심을
빠르게 완성해요!

영어 교과서
핵심을 쏙쏙!

초등 영어 교과서 5종을 분
석하여 핵심 내용을 각 영
역별로 쪼개 체계적인 커리
큘럼으로 만들었습니다.

한 권으로
단기 완성!

교과서 필수 내용을 단 한
권으로 압축하여 4년간의
학습을 1~2개월 단기간 집
중 마스터할 수 있습니다.

영어 실력이
향상되는
맞춤 학습법!

영어 교육 전문 집필진과
공부 효과를 높이는 학습
설계로 가정에서도 아이들
스스로 학습이 가능합니다.

안녕? 만나서 반가워! 나는 할레옹이야.
내가 가장 좋아하는 과목은 영어야.
그런데 영어가 어렵기만 하다고? 걱정하지 마!
초등학생이라면 꼭 알아야 할
교과서 필수 내용을 한 권에 쏙쏙 담은
'초등 필수 영어 무작정 따라하기'가 있으니까!

영단어 학습 계획표

● 계획표에 따라 공부한 날짜를 적어 보세요.

	1일차	2일차	3일차	4일차	5일차	6일차
1주	DAY 1	DAY 2	DAY 3	DAY 4	DAY 5	종합 테스트
	___월___일	___월___일	___월___일	___월___일	___월___일	___월___일
2주	DAY 6	DAY 7	DAY 8	DAY 9	DAY 10	종합 테스트
	___월___일	___월___일	___월___일	___월___일	___월___일	___월___일
3주	DAY 11	DAY 12	DAY 13	DAY 14	DAY 15	종합 테스트
	___월___일	___월___일	___월___일	___월___일	___월___일	___월___일
4주	DAY 16	DAY 17	DAY 18	DAY 19	DAY 20	종합 테스트
	___월___일	___월___일	___월___일	___월___일	___월___일	___월___일
5주	DAY 21	DAY 22	DAY 23	DAY 24	DAY 25	종합 테스트
	___월___일	___월___일	___월___일	___월___일	___월___일	___월___일
6주	DAY 26	DAY 27	DAY 28	DAY 29	DAY 30	종합 테스트
	___월___일	___월___일	___월___일	___월___일	___월___일	___월___일
7주	DAY 31	DAY 32	DAY 33	DAY 34	DAY 35	종합 테스트
	___월___일	___월___일	___월___일	___월___일	___월___일	___월___일
8주	DAY 36	DAY 37	DAY 38	DAY 39	DAY 40	종합 테스트
	___월___일	___월___일	___월___일	___월___일	___월___일	___월___일

초등 필수 영단어
무작정 따라하기

Claire Park 지음

길벗스쿨

지은이 **Claire Park**

경희대에서 영어영문학을 전공하고, 숙명여자대학교 TESOL Certificate for Young Learners 과정을
이수했습니다. 긴 시간 동안 영어 교재를 기획·편집·집필하며, 학습자의 실력이나 상황에 맞게 실질적인
도움을 줄 수 있는, 재미있는 영어책을 만들겠다는 신념을 지켜오고 있습니다. 다른 저서로는 《21일만 따라
하면 단어가 문장이 된다 1, 2》,《독한 영어 리딩, 딕테이션》,《혼공 토익 VOCA》,《Real Voca Basic,
Advanced》 등이 있습니다.

초등 필수 영단어 무작정 따라하기
The Cakewalk Series – Basic English Words for Kids

개정판 발행 · 2023년 10월 30일
초판 2쇄 발행 · 2023년 12월 28일

지은이 · Claire Park
발행인 · 이종원
발행처 · 길벗스쿨
출판사 등록일 · 2006년 7월 1일 | **주소** · 서울시 마포구 월드컵로 10길 56 (서교동)
대표 전화 · 02)332-0931 | **팩스** · 02)323-0586
홈페이지 · www.gilbutschool.co.kr | **이메일** · gilbut@gilbut.co.kr

기획 및 책임 편집 · 최지우(rosa@gilbut.co.kr) | **표지디자인** · 이현숙 | **제작** · 김우식
영업마케팅 · 김진성, 문세연, 박선경, 박다슬 | **웹마케팅** · 박달님, 이재윤
영업관리 · 정경화 | **독자지원** · 윤정아

전산편집 · 연디자인 | **본문디자인** · 박수연 | **표지삽화** · 퍼플페이퍼 | **본문삽화** · 류은형
녹음 · YR 미디어 | **인쇄** · 교보피앤비 | **제본** · 신정문화사

∗ 잘못 만든 책은 구입한 서점에서 바꿔 드립니다.
∗ 이 책은 저작권법에 따라 보호받는 저작물이므로 무단전재와 무단복제를 금합니다.
  이 책의 전부 또는 일부를 이용하려면 반드시 사전에 저작권자와 길벗스쿨의 서면 동의를 받아야 합니다.

ⓒ Claire Park, 2023
ISBN 979-11-6406-568-4 64740 (길벗 도서번호 30551)
정가 17,000원

독자의 1초까지 아껴주는 길벗출판사
㈜도서출판 길벗 | IT교육서, IT단행본, 경제경영서, 어학&실용서, 인문교양서, 자녀교육서
www.gilbut.co.kr
길벗스쿨 | 국어학습서, 수학학습서, 유아학습서, 어학학습서, 어린이교양서, 학습단행본
www.gilbutschool.co.kr

길벗스쿨 공식 카페 〈기적의 공부방〉 · cafe.naver.com/gilbutschool
인스타그램 / 카카오플러스친구 · @gilbutschool

제 품 명 : 초등 필수 영단어
          무작정 따라하기
제조사명 : 길벗스쿨
제조국명 : 대한민국
전화번호 : 02-332-0931
주   소 : 서울시 마포구 월드컵로
          10길 56 (서교동)
제조년월 : 판권에 별도 표기
사용연령 : 7세 이상
KC마크는 이 제품이 공동안전기준에
적합하였음을 의미합니다.

초등 영단어, 어떻게 공부해야 할까요?

벌써부터 '영어는 어려워, 영어는 재미없어.'라고 생각하는 친구들이 있나요? 단언컨대, 흥미를 붙이면 영어는 재미있고 실력이 쑥쑥 늘 수 있는 과목입니다. 특히 영단어를 많이 알수록 그만큼 더욱 많이 알아듣고 읽고 쓸 수 있게 됩니다.

영어에서 단어는 요리를 할 때 필요한 식재료라고 생각하면 돼요. 요리를 하려면 재료 준비가 먼저이듯, 영어를 공부할 때는 영단어부터 시작해야겠지요?

초등학생이 꼭 알아야 할 필수 영단어를 공부해요!

초등 영어 교과서에서 자주 다루는 영단어를 주제별로 분류했어요. 한 주제에 25개씩 단어를 배울 수 있도록 구성하여 두 달만 투자하면 초등 교과과정에서 우선적으로 익혀야 할 필수 영단어를 모두 내 것으로 만들 수 있답니다.

그림과 문장 챈트로 공부 효과를 높여요!

그림과 함께 단어를 암기하면 머릿속에 이미지가 연상되어 단어를 더 잘 이해하고 오래 기억할 수 있어요. 또한 문장 챈트를 듣고 신나게 따라 부르면 자연스럽게 교과서 문장을 익히는 동시에 단어의 정확한 쓰임을 알게 되어 더 효과적으로 단어를 암기할 수 있어요.

공부한 단어는 문제로 복습하세요!

단순한 선 긋기부터 빈칸 채우기, 단어 퍼즐 등 다양한 문제를 풀면서 공부한 내용을 스스로 점검해 보세요. 문제를 풀다 보면 복습도 되고 또 잘 외워지지 않는 단어들이 어떤 것인지 체크할 수 있어 도움이 됩니다. 특히, 이번 개정판에서는 온라인 퀴즈가 추가되어 더 쉽고 재미있게 그날 배운 단어를 바로바로 복습할 수 있습니다.

이 책이 여러분의 평생 영어 실력을 든든히 뒷받침해 줄 좋은 재료가 되었으면 좋겠습니다. 그 1,000개의 재료를 기반으로, 세계 어디서든 두려움 없이 소통할 수 있는 영어 실력을 키워가길 기대합니다.

지은이 Claire Park

이렇게 공부하세요

【 오늘의 단어 학습하기 】

STEP 1 — 영단어-우리말 듣기

먼저 오늘의 단어를 들어 보세요. 원어민 선생님의 발음과 우리말 뜻을 번갈아 들으면서 귀와 눈으로 익숙해지도록 합니다. 재미있는 그림도 함께 보면서 단어를 익히면 더욱 오래 기억할 수 있습니다.

STEP 2 — 스스로 영단어 읽어 보기

다시 한 번 오늘의 단어를 들으면서 이번에는 큰 소리로 따라 읽어 보세요. 반복해서 읽고 따라하다 보면 단어가 저절로 외워질 거예요.

정답 및 챈트 대본

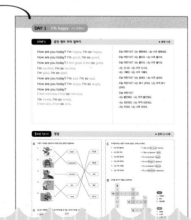

STEP 3 — 문장 챈트 따라 말하기

공부한 단어를 예문에 넣어서 활용하면 배운 단어로 회화 실력까지 높일 수 있습니다. 별책을 펴고 대본을 함께 보면서 챈트를 들어 보세요. 처음에는 들으면서 오늘 배운 단어들을 문장 속에서 찾아보고, 두 번째는 신나게 따라 불러 보세요.

【 문제로 익히기 】

그날 공부한 단어는 반드시 복습을 통하여 내 것으로 만드세요. 다양한 문제를 통하여 학습 상태를 점검하고 확실히 외운 단어와 다시 공부할 단어를 확인해 보세요.

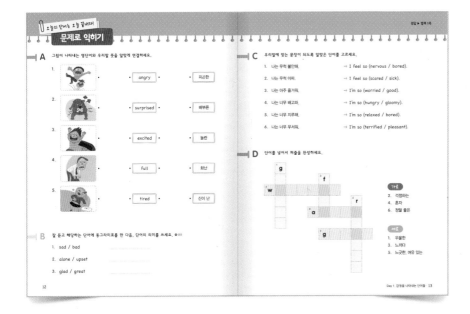

A | 그림 연상 문제

그림을 보고 기억나는 연상 이미지를 통해 단어와 의미를 연결해 보세요.

B | 발음 - 뜻 확인 문제

원어민 선생님의 발음을 들으며 단어의 소리까지 확실하게 점검해 보세요.

C | 문장 완성 문제

문장 챈트로 따라 불렀던 주요 표현을 문제로 다시 한 번 익혀 보세요.

D | 단어 액티비티

퍼즐, 퀴즈 등 재미있고 다양한 활동을 통하여 오늘의 학습을 마무리해 보세요.

【 종합 테스트 】

5일간의 공부를 끝내면 종합 테스트로 복습하세요. 배운 단어의 뜻 쓰기, 문장에 알맞은 단어 넣기 등을 통해 단어를 활용해 볼 수 있는 능력을 키워줍니다.

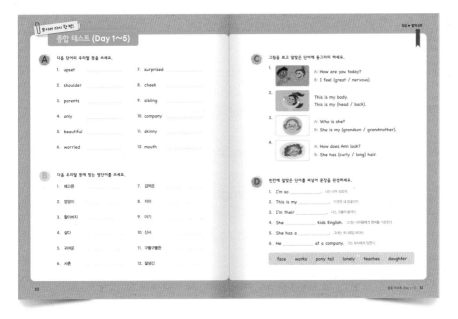

A | 영단어 - 우리말 쓰기

한 주 동안 공부한 영단어를 떠올리면서 단어에 맞는 우리말 뜻을 써 보세요.

B | 우리말 - 영단어 쓰기

한 주 동안 공부한 영단어를 떠올리면서 우리말에 알맞은 단어를 써 보세요.

C | 대화 완성 문제

그림을 보고 앞에서 공부한 회화 표현을 떠올리면서 알맞은 단어를 고르세요.

D | 문장 완성 문제

공부했던 단어를 문장을 통해 다시 한 번 확인하며 한 주 동안의 학습을 마무리해 보세요.

차례

【 MP3 파일 】

QR코드를 스캔하여 MP3 음원을 활용하세요. 원어민 선생님이 읽어 주는 MP3 음원을 들으며 단어의 정확한 소리를 익힐 수 있고, 반복하여 단어와 챈트를 듣고 따라 말하면서 눈으로만 읽을 때보다 더 쉽고 오래 기억할 수 있게 돼요.

MP3 듣기

【 단어 따라쓰기 워크시트 】

단어를 손으로 직접 쓰면서 공부하면 철자를 쉽게 익힐 수 있고, 암기한 단어를 오래 기억할 수 있게 돼요. 단어 따라쓰기 워크시트를 활용하여 단어를 더욱 확실하게 공부해 보세요.

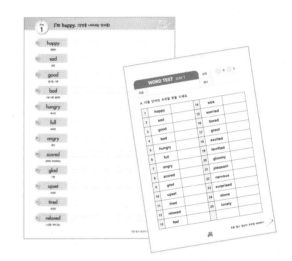

【 단어 테스트지 】

따라쓰기 활동을 끝낸 뒤에 단어 테스트지를 통해 단어를 잘 숙지했는지 점검해 보세요.

【 온라인 퀴즈 】

본책의 매 유닛을 학습 후, e클래스 사이트에서 간단한 영단어와 문장 퀴즈에 도전해 보세요.

· 영단어-우리말 뜻 매칭 퀴즈
· 문장에 들어갈 영단어 찾기 퀴즈

다운로드 방법

[1단계] 길벗스쿨 e클래스(eclass.gilbut.co.kr) 접속
[2단계] 상단 검색창에 《초등 필수 영단어 무작정 따라하기》 검색
[3단계] 도서 상세페이지 내 [오디오/워크시트] 클릭

I'm happy.
나는 행복해.

감정을 나타내는 단어들

happy 행복한

sad 슬픈

good 즐거운, 기쁜

bad 기분 나쁜, 불쾌한

hungry 배고픈

full 배부른

angry 화난

scared 겁먹은,
무서워하는

glad 기쁜

upset 속상한

tired 피곤한

relaxed 느긋한,
여유 있는

feel 느끼다

happy
sad

good   bad

hungry   full

angry

scared

glad   upset

tired   relaxed

STEP 1 영단어-우리말 듣기 🔊 001

STEP 2 스스로 영단어 읽어 보기

STEP 3 문장 챈트 따라 말하기 🔊 002
A : How are you today?
B : I'm _____ 기분.
(챈트 스크립트 1쪽 참고)

sick

worried

bored

great

excited

terrified

gloomy

pleasant

nervous

surprised

lonely

sick 아픈

worried 걱정하는

bored 지루해 하는

great 정말 좋은

excited 신이 난,
흥분한

terrified 무서워하는

gloomy 우울한

pleasant 기분 좋은

nervous 불안해 하는

surprised 놀란

alone 혼자

lonely 외로운

A 그림이 나타내는 영단어와 우리말 뜻을 알맞게 연결하세요.

1.  · · angry · · 피곤한

2.  · · surprised · · 배부른

3.  · · excited · · 놀란

4.  · · full · · 화난

5.  · · tired · · 신이 난

B 잘 듣고 해당하는 단어에 동그라미표를 한 다음, 단어의 의미를 쓰세요. ⓝ 003

1. sad / bad   ------------------------------

2. alone / upset   ------------------------------

3. glad / great   ------------------------------

C 우리말에 맞는 문장이 되도록 알맞은 단어를 고르세요.

1. 나는 무척 불안해. → I feel so (nervous / bored).

2. 나는 무척 아파. → I feel so (scared / sick).

3. 나는 아주 즐거워. → I'm so (worried / good).

4. 나는 너무 배고파. → I'm so (hungry / gloomy).

5. 나는 너무 지루해. → I'm so (relaxed / bored).

6. 나는 너무 무서워. → I'm so (terrified / pleasant).

D 단어를 넣어서 퍼즐을 완성하세요.

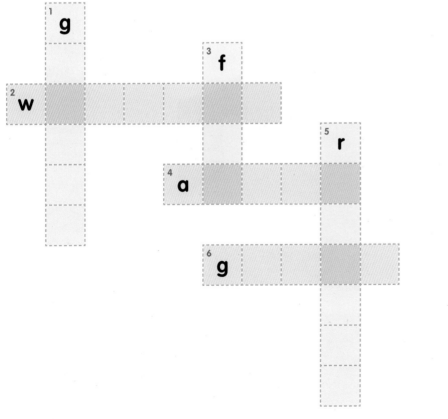

가로

2. 걱정하는
4. 혼자
6. 정말 좋은

세로

1. 우울한
3. 느끼다
5. 느긋한, 여유 있는

This is my nose.
이것은 내 코야.

body 몸

head 머리

hair 머리카락

shoulder 어깨

back 등

bottom 엉덩이

arm 팔

hand 손

finger 손가락

leg 다리

knee 무릎

foot 발

toe 발가락

heart 심장, 가슴

foot의 복수형은 feet

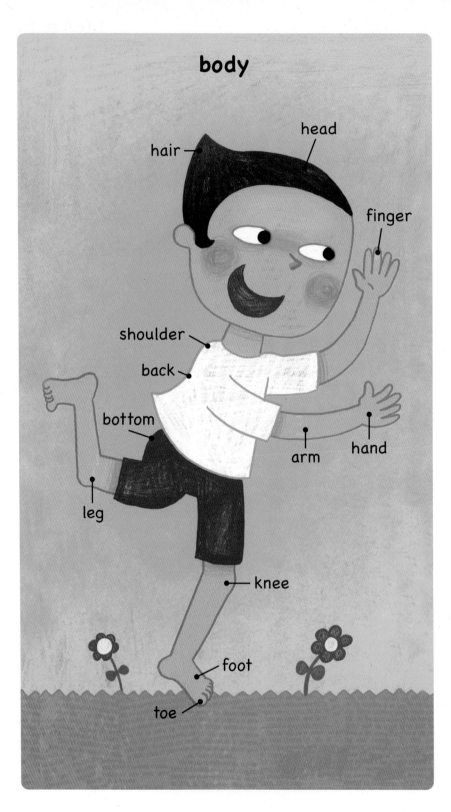

body

hair — head — finger — shoulder — back — bottom — arm — hand — leg — knee — foot — toe

STEP 1 영단어-우리말 듣기 🎧 004

STEP 2 스스로 영단어 읽어 보기

STEP 3 문장 챈트 따라 말하기 🎧 005

This is my _____ 신체 부위 _____ .

These are my _____ 신체 부위 _____ .

(챈트 스크립트 2쪽 참고)

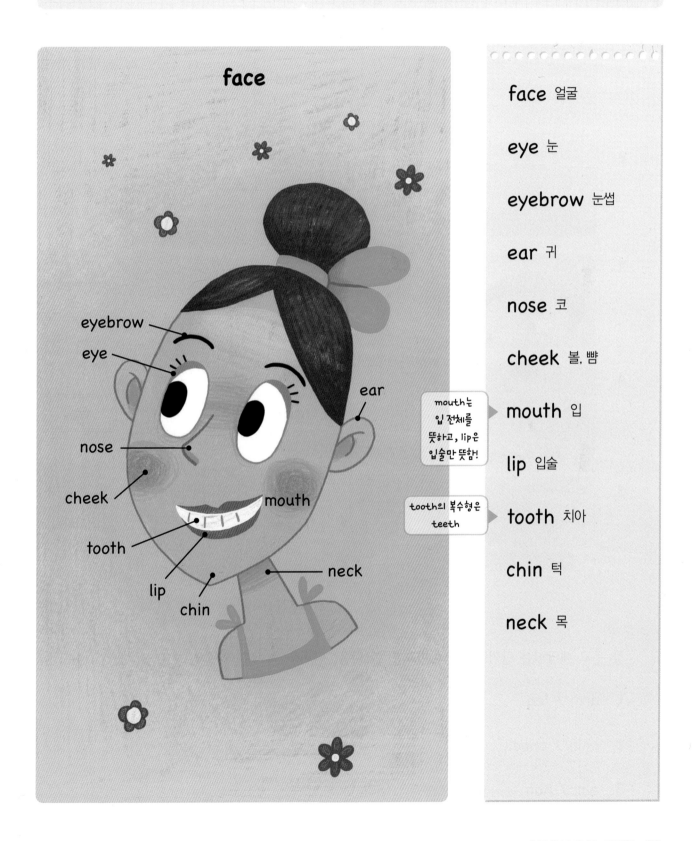

face

eyebrow
eye
nose
cheek
tooth
lip
chin
ear
mouth
neck

face 얼굴

eye 눈

eyebrow 눈썹

ear 귀

nose 코

cheek 볼, 뺨

mouth는
입 전체를
뜻하고, lip은
입술만 뜻함!

mouth 입

lip 입술

tooth의 복수형은
teeth

tooth 치아

chin 턱

neck 목

A 그림이 나타내는 영단어와 우리말 뜻을 알맞게 연결하세요.

1.  • • hand • • 목

2.  • • toe • • 발가락

3.  • • hair • • 손

4.  • • neck • • 무릎

5.  • • knee • • 머리카락

B 잘 듣고 해당하는 단어에 동그라미표를 한 다음, 단어의 의미를 쓰세요. ⓝ 006

1. arm / leg _____

2. chin / cheek _____

3. ear / hair _____

C 우리말에 맞는 문장이 되도록 알맞은 단어를 쓰세요.

1. 이것은 내 얼굴이야. → This is my f_____.

2. 이것은 내 몸이야. → This is my b_____.

3. 이것은 내 어깨야. → This is my s_____.

4. 이것은 내 등이야. → This is my b_____.

5. 이것은 내 턱이야. → This is my c_____.

6. 이것은 내 머리야. → This is my h_____.

D 점선을 따라 그려서 그림을 완성한 후, 해당하는 단어를 골라 쓰세요.

1. _____ 2. _____ 3. _____

4. _____ 5. _____

eyebrow   lip   finger   ear   nose

He is my uncle.
그분은 우리 삼촌이야.

가족을 나타내는 단어들

family 가족

I 나

father 아버지

dad 아빠
(=daddy)

mother 어머니

mom 엄마
(=mommy)

dad, daddy / mom, mommy / grandpa / grandma는 어린 아이가 쓰거나 친밀감을 주기 위해 사용!

parents 부모

grandfather
(=grandpa) 할아버지

grandmother
(=grandma) 할머니

brother 남자 형제
(형, 오빠, 남동생)

sister 여자 형제
(언니, 누나, 여동생)

sibling 형제자매 (한 명)

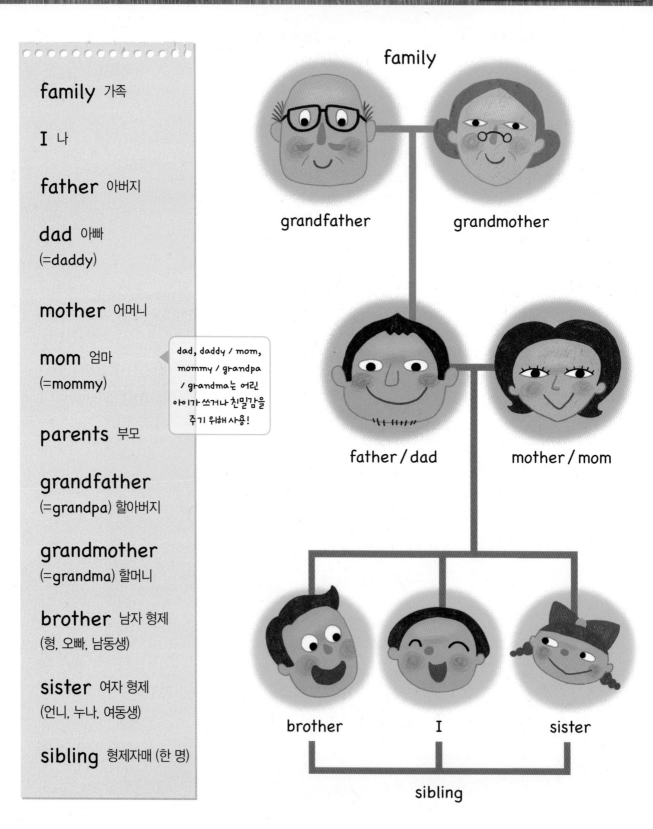

family

grandfather   grandmother

father / dad   mother / mom

brother   I   sister

sibling

STEP 1 영단어-우리말 듣기 🔊 007

STEP 2 스스로 영단어 읽어 보기

STEP 3 문장 챈트 따라 말하기 🔊 008

A : Who is he?

B : He is my _____사람_____.

(챈트 스크립트 3쪽 참고)

husband   wife

son   daughter

baby   child

aunt

uncle

cousin

husband 남편

wife 아내, 부인

son 아들

daughter 딸

grandson 손자

granddaughter 손녀

baby 아기

복수형은 children (아이들)

child 아이, 어린이

aunt 이모, 고모

uncle 삼촌, 고모부, 이모부

cousin 사촌

A 그림이 나타내는 영단어와 우리말 뜻을 알맞게 연결하세요.

1.

 • • dad • • 아기

2.

 • • baby • • 할머니

3.

 • • grandmother • • 아빠

4.

 • • grandfather • • 딸

5.

 • • daughter • • 할아버지

B 잘 듣고 해당하는 단어에 동그라미표를 한 다음, 단어의 의미를 쓰세요. ① 009

1. baby / daddy   ----------------------------

2. daughter / father   ----------------------------

3. brother / mother   ----------------------------

C 우리말에 맞는 문장이 되도록 알맞은 단어를 고르세요.

1. 그분은 우리 아버지야.　　　→ He is my (father / mother).

2. 그분은 우리 할아버지야.　　→ He is my (parents / grandpa).

3. 그분은 우리 삼촌이야.　　　→ He is my (uncle / daughter).

4. 그분은 우리 엄마야.　　　　→ She is my (mom / dad).

5. 그분은 우리 할머니야.　　　→ She is my (sibling / grandma).

6. 그녀는 우리 언니야.　　　　→ She is my (brother / sister).

D 세미의 가족 사진을 보고, 알맞은 단어를 골라 쓰세요.

1. _____　　2. _____　　3. _____

4. _____　　5. _____

| grandfather | sister | brother | mother | dad |

My name is Mike.
내 이름은 마이크야.

man (성인) 남자

woman (성인) 여자

> man의 복수형은 men, woman의 복수형은 women

love 사랑, 사랑하다

together 함께, 같이

kid 아이

name 이름, 성명

age 나이

old 나이가 ~인, 나이가 많은

person 사람

> person의 복수형이 people

people 사람들

live 살다

life 인생, 삶

only 유일한, 단 하나의

woman   man

love

kid

Billy

name   age / old

person

people

22

gentleman

Mr.

lady

Ms. / Miss / Mrs.

elementary school

teach　student

company

work

gentleman의
복수형은
gentlemen

gentleman 신사

lady 여성, 숙녀

Mr. Kim!

Mr. ~ 씨
(남성의 성·이름 앞에)

Ms. ~ 씨
(여성의 성·이름 앞에)

Miss ~ 씨
(미혼 여성)

Mrs. ~ 부인
(기혼 여성)

elementary school 초등학교

teach 가르치다

student 학생

company 회사

work 일하다

lucky 운이 좋은

A 그림이 나타내는 영단어와 우리말 뜻을 알맞게 연결하세요.

1.  · · work · · 일하다

2.  · · name · · 신사

3.  · · company · · 숙녀

4.  · · lady · · 이름

5.  · · gentleman · · 회사

B 잘 듣고 해당하는 단어에 동그라미표를 한 다음, 단어의 의미를 쓰세요. ⓝ 012

1. Mrs. / Miss _____

2. lady / age _____

3. live / love _____

C 우리말에 맞는 문장이 되도록 알맞은 단어를 쓰세요.

1. 내 이름은 마이크 앤더슨이야. → My n_____ is Mike Anderson.

2. 나는 초등학교 학생이야. → I'm an e_____ school student.

3. 나는 우리 가족을 사랑해. → I l_____ my family.

4. 그는 신사야. → He is a g_____.

5. 그는 회사에서 일하셔. → He works at a c_____.

6. 우리는 같이 살아. → We l_____ together.

D 가족을 소개하는 그림을 보고, 빈칸에 알맞은 단어를 골라 쓰세요.

1.  My mother _____es kids English.

2.  My father _____s at a company.

3.  I'm the _____ kid in my family.

only   work   teach

How does Ann look?
앤은 어떻게 생겼어?

외모를 나타내는 단어들

friend 친구

boy 남자아이, 소년

girl 여자아이, 소녀

pretty 예쁜,
매력적인

beautiful 아름다운

handsome
(남자가) 멋진, 잘생긴

young 어린, 젊은

cute 귀여운

slim 날씬한 ◀ slim과 skinny는 비슷한 말

skinny 비쩍 마른

look 외모, 보다

she 그녀

boy   girl

friend

pretty /   handsome
beautiful

young / cute

slim / skinny

STEP I 영단어-우리말 듣기 ⦿ 013

STEP 2 스스로 영단어 읽어 보기

STEP 3 문장 챈트 따라 말하기 ⦿ 014

A : How does Ann look?

B : She is _____ 외모

(챈트 스크립트 5쪽 참고)

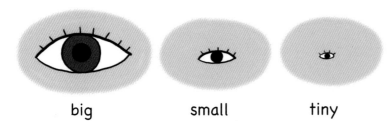

big   small   tiny

light

heavy

long   short   bald   pony tail

neat / tidy   wavy / curly

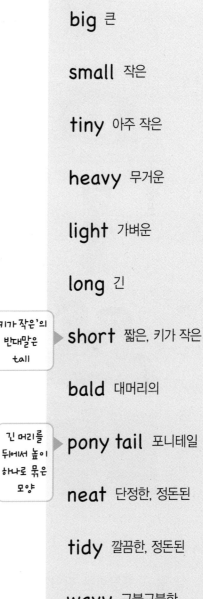

big 큰

small 작은

tiny 아주 작은

heavy 무거운

light 가벼운

long 긴

short 짧은, 키가 작은

bald 대머리의

pony tail 포니테일

neat 단정한, 정돈된

tidy 깔끔한, 정돈된

wavy 구불구불한

curly 곱슬곱슬한

'키가 작은'의 반대말은 tall

긴 머리를 뒤에서 높이 하나로 묶은 모양

A 그림이 나타내는 영단어와 우리말 뜻을 알맞게 연결하세요.

1.  • • bald • • 곱슬곱슬한

2.  • • curly • • 친구

3.  • • slim • • 날씬한

4.  • • pony tail • • 대머리의

5.  • • friend • • 포니테일

B 잘 듣고 해당하는 단어에 동그라미표를 한 다음, 단어의 의미를 쓰세요. ⊕ 015

1. big / boy _____

2. light / long _____

3. tiny / tidy _____

C 우리말에 맞는 문장이 되도록 알맞은 단어를 고르세요.

1. 그녀는 아름다워. → She is (beautiful / cute).

2. 그는 단정한 소년이야. → He is a (young / neat) boy.

3. 그녀는 곱슬머리야. → She has (short / curly) hair.

4. 그는 머리가 길어. → He has (long / wavy) hair.

5. 그는 키가 작고 무거워. → He is short and (heavy / tiny).

6. 그는 대머리야. → He has a (big / bald) head.

D 다음 친구들에게 각각 어울리는 단어를 골라 쓰세요.

1.

2.

girl
--------------------------------   --------------------------------

--------------------------------   --------------------------------

--------------------------------   --------------------------------

--------------------------------   --------------------------------

| light | boy | curly | slim |
| girl | heavy | long | wavy |

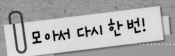

종합 테스트 (Day 1~5)

 A 다음 단어의 우리말 뜻을 쓰세요.

1. upset _____

2. shoulder _____

3. parents _____

4. only _____

5. beautiful _____

6. worried _____

7. surprised _____

8. cheek _____

9. sibling _____

10. company _____

11. skinny _____

12. mouth _____

B 다음 우리말 뜻에 맞는 영단어를 쓰세요.

1. 배고픈 _____

2. 엉덩이 _____

3. 할아버지 _____

4. 살다 _____

5. 귀여운 _____

6. 사촌 _____

7. 겁먹은 _____

8. 치아 _____

9. 아기 _____

10. 신사 _____

11. 구불구불한 _____

12. 잘생긴 _____

그림을 보고 알맞은 단어에 동그라미 하세요.

1.

A: How are you today?

B: I feel (great / nervous).

2.

This is my body.

This is my (head / back).

3.

A: Who is she?

B: She is my (grandson / grandmother).

4.

A: How does Ann look?

B: She has (curly / long) hair.

빈칸에 알맞은 단어를 써넣어 문장을 완성하세요.

1. I'm so _____. 나는 너무 외로워.

2. This is my _____. 이것은 내 얼굴이야.

3. I'm their _____. 나는 그들의 딸이야.

4. She _____ kids English. 그녀는 아이들에게 영어를 가르친다.

5. She has a _____. 그녀는 포니테일 머리야.

6. He _____ at a company. 그는 회사에서 일한다.

| face | works | pony tail | lonely | teaches | daughter |

bright 발랄한, 밝은

cheerful 쾌활한

outgoing 사교적인

careful 조심하는, 주의 깊은

wise 현명한

clever 영리한

fool 바보

> fool은 명사,
> foolish는
> 형용사

foolish 바보 같은

kind 친절한

polite 예의 바른

selfish 이기적인

honest 정직한

bright / cheerful / outgoing

careful

wise / clever

foolish

kind

polite

selfish

STEP 1 영단어-우리말 듣기 🎧 016

STEP 2 스스로 영단어 읽어 보기

STEP 3 문장 챈트 따라 말하기 🎧 017
A : Is Kate _____성격_____ ?
B : Yes, she's _____성격_____ .
(챈트 스크립트 7쪽 참고)

strong   weak

thirsty

funny

lazy

excellent

curious

gentle

talkative

ugly

tall / thin

strong	강한
weak	약한
thirsty	목마른
fun	재미, 재미있는
funny	우스운, 웃기는
lazy	게으른
excellent	훌륭한
curious	호기심이 많은
gentle	순한, 온화한
talkative	수다스러운
ugly	못생긴
tall	키가 큰
thin	마른

A 그림이 나타내는 영단어와 우리말 뜻을 알맞게 연결하세요.

1.

    • careful • • 목마른

2.

    • foolish • • 바보 같은

3.

    • strong • • 주의 깊은

4.

    • funny • • 강한

5.

    • thirsty • • 웃기는

B 잘 듣고 해당하는 단어에 동그라미표를 한 다음, 단어의 의미를 쓰세요. ① 018

1. fool / fun   -------------------------------

2. kind / wise   -------------------------------

3. tall / thin   -------------------------------

C 우리말에 맞는 문장이 되도록 알맞은 단어를 쓰세요.

1. 그녀는 이기적이지 않아. → She is not s _____ .

2. 데이비드는 강해? → Is David s _____ ?

3. 그녀는 영리해. → She is c _____ .

4. 그는 온화해. → He is g _____ .

5. 그녀는 수다스러워. → She is t _____ .

6. 그는 게으르지 않아. → He is not l _____ .

D 단어를 넣어서 퍼즐을 완성하세요.

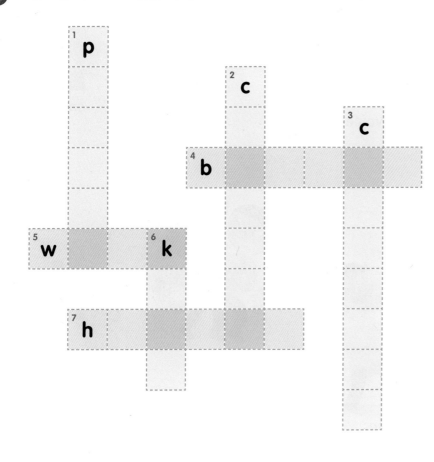

가로

4. 발랄한, 밝은
5. 약한
7. 정직한

세로

1. 예의 바른
2. 호기심이 많은
3. 쾌활한
6. 친절한

I don't hate my friends.

나는 내 친구들을 미워하지 않아.

you 너

they 그들

we 우리

chat 수다를 떨다,
채팅을 하다

voice 목소리

laugh 웃다

smile 미소 짓다

tease 놀리다

fight 싸우다

hate 미워하다

very 매우, 아주

with ~와 함께

laugh는 소리 내어 웃는 것, smile은 미소 짓는 것!

you

they

we

chat

voice

laugh

smile

tease

fight

hate

36

true false

forget

promise appointment

secret

gather / meeting / agree

send

letter

true 사실인, 맞는

false 틀린

forget 잊다

mistake 실수

promise 약속하다

> promise는 뭔가를 꼭 하겠다는 약속, appointment는 누군가와 만날 약속

appointment 약속

keep 유지하다, (약속을) 지키다

> keep secret 비밀을 지키다

secret 비밀

gather 모이다

meeting 만남, 회의

agree 동의하다

letter 편지

> send a letter 편지를 보내다

send 보내다

Day 7. 친구와의 활동을 나타내는 단어들 · 37

A 그림이 나타내는 영단어와 우리말 뜻을 알맞게 연결하세요.

1.  ・ ・ fight ・ ・ 틀린

2.  ・ ・ false ・ ・ 싸우다

3.  ・ ・ tease ・ ・ 놀리다

4.  ・ ・ chat ・ ・ 약속하다

5.  ・ ・ promise ・ ・ 수다를 떨다

B 잘 듣고 해당하는 단어에 동그라미표를 한 다음, 단어의 의미를 쓰세요. 🔊 021

1. fight / forget   --------------------------

2. we / very   --------------------------

3. meeting / mistake   --------------------------

38

C 우리말에 맞는 문장이 되도록 알맞은 단어를 고르세요.

1. 나는 내 친구들에게 편지를 보내. → I (send / gather) letters to my friends.

2. 나는 내 친구들과 비밀을 지켜. → I (keep / agree) secrets with my friends.

3. 나는 내 친구들과 싸우지 않아. → I don't (smile / fight) with my friends.

4. 나는 내 친구들을 미워하지 않아. → I don't (laugh / hate) my friends.

5. 나는 내 친구들을 놀리지 않아. → I don't (tease / chat) my friends.

6. 나는 그들의 이름을 잊지 않아. → I don't (forget / promise) their names.

D 세미의 그림일기를 보고, 빈칸에 알맞은 단어를 골라 쓰세요.

1. My friends and I _____. 내 친구들과 나는 모인다.
2. We _____ and _____. 우리는 수다를 떨며 웃는다.
3. We don't _____. 우리는 싸우지 않는다.

fight   gather   laugh   chat

My hobby is dancing.
내 취미는 춤추기야.

hobby 취미

swim 수영하다

make 만들다

dance 춤추다

draw 그리다

paint 그리다

picture 그림, 사진

photograph 사진
(=photo)

ride 타다

bicycle 자전거
(=bike)

do ~하다

enjoy 즐기다

draw는 색칠을
하지 않고 선으로
그리는 것, paint는
물감으로 그리는 것!

swim

dance
make

draw

paint
picture

photograph / photo

ride
bicycle / bike

music

listen

musician

radio

sound

ticket

watch

read

story

fish

> listen
> to music
> 음악을 듣다

listen 듣다

music 음악

musician 음악가

radio 라디오

sound 소리, 음

watch 보다

> watch a
> movie
> 영화를 보다

movie 영화

ticket 표, 티켓

read 읽다

story 이야기

fish 물고기, 어류

favorite
매우 좋아하는

interesting
재미있는, 흥미로운

A 그림이 나타내는 영단어와 우리말 뜻을 알맞게 연결하세요.

1.  • • dance • • 음악가

2.  • • fish • • 사진

3.  • • musician • • 표, 티켓

4.  • • photograph • • 물고기

5.  • • ticket • • 춤추다

B 잘 듣고 해당하는 단어에 동그라미표를 한 다음, 단어의 의미를 쓰세요. ⓝ 024

1. picture / photo　　　-----------------------------

2. radio / read　　　-----------------------------

3. favorite / fish　　　-----------------------------

C 우리말에 맞는 문장이 되도록 알맞은 단어를 쓰세요.

1. 내 취미는 그림 그리기다. → My hobby is d_____ing.

2. 나는 수영을 즐긴다. → I e_____ swimming.

3. 그것은 재미있다. → It's i_____.

4. 내 취미는 음악 듣기다. → My hobby is l_____ing to music.

5. 내 취미는 영화 보기다. → My hobby is watching m_____s.

6. 나는 이야기 읽는 것을 즐긴다. → I enjoy r_____ing stories.

D 주어진 그림과 관련 있는 단어를 골라 쓰세요.

1.  My hobby is _____ pictures.

2.  My hobby is _____ a bike.

3.  My hobby is _____ movies.

4.  My hobby is _____ stories.

painting   watching   reading   riding

There are bags in my bedroom.
내 침실에는 가방이 여러 개 있어.

bedroom 침실

bed 침대

pillow 베개

blanket 이불

key 열쇠

chair 의자

glue 풀

desk 책상

paper 종이

pencil 연필

tape 테이프

ruler 자

scissors 가위

eraser 지우개

scissors는
항상 s를 붙인
복수형으로
써요.

bed

pillow

blanket

key

chair

glue

desk

pencil

paper

tape

ruler

scissors

eraser

picture frame
액자

mirror 거울

globe 지구본

book 책

bookshelf 책장

piggy bank
돼지 저금통

computer 컴퓨터

textbook 교과서

word 단어, 낱말

bag 가방

and 그리고, ~와, ~과

A 그림이 나타내는 영단어와 우리말 뜻을 알맞게 연결하세요.

1.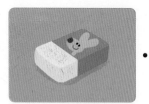

computer • • 지우개

2.

globe • • 컴퓨터

3.

eraser • • 가위

4.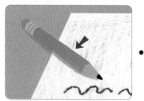

pencil • • 지구본

5.

scissors • • 연필

B 잘 듣고 해당하는 단어에 동그라미표를 한 다음, 단어의 의미를 쓰세요. ⓐ027

1. bag / bed _____

2. pillow / picture frame _____

3. paper / pencil _____

C 우리말에 맞는 문장이 되도록 알맞은 단어를 고르세요.

1. 내 침실에 거울이 있어. → There is a (mirror / eraser) in my bedroom.

2. 내 침실에 지구본이 있어. → There is a (globe / tape) in my bedroom.

3. 내 침실에 베개가 있어. → There is a (blanket / pillow) in my bedroom.

4. 내 침실에 가방들이 있어. → There are (bags / books) in my bedroom.

5. 자들과 열쇠들이 있어. → There are (pencils / rulers) and keys.

6. 교과서들이 있어. → There are (textbooks / computers).

D 우리말 뜻에 해당하는 영단어를 쓰고, 퍼즐에서 찾아 동그라미 하세요.

```
L V C D O E K P F O
I M R O I S E T L O
D O J Y M A Y B E T
T P K B A P N Z S T
Z K S K X C U D K H
W O R D Q Q L T O P
L G O L M N R L E U
G T A P E A E K B R
X Q V E Y S F J J V
W U L W B O O K G Z
```

1. 열쇠   key

2. 책   b

3. 그리고   a

4. 테이프   t

5. 단어   w

6. 컴퓨터   c

반려동물을 나타내는 단어들

pet 반려동물

dog 개

puppy 강아지

cat 고양이

kitty 새끼 고양이

tail 꼬리

wag 흔들다

bark 짖다

raise 키우다, 기르다

feed 먹이,
먹이를 주다

bird 새

little 작은, 어린

nest 둥지

parrot 앵무새

chicken 닭

wag a tail
꼬리를 흔들다

feed the dog
개에게 먹이를 주다

dog   puppy

cat

kitty

wag   tail

bark

raise

feed

bird / little

nest

parrot

chicken

STEP 1 영단어-우리말 듣기 🎧 028

STEP 2 스스로 영단어 읽어 보기

STEP 3 문장 챈트 따라 말하기 🎧 029

It's my _____반려동물_____.
I pat it.

(챈트 스크립트 11쪽 참고)

pat

rabbit

spider

die

hamster

monkey

hedgehog

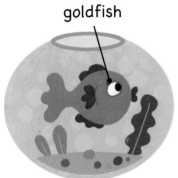

goldfish

fishbowl

frog

rabbit 토끼

pat 쓰다듬다,
토닥거리다

spider 거미

die 죽다

monkey 원숭이

hamster 햄스터

hedgehog 고슴도치

goldfish 금붕어

fishbowl 어항

frog 개구리

A 그림이 나타내는 영단어와 우리말 뜻을 알맞게 연결하세요.

1.  · · bird · · 새

2.  · · chicken · · 개구리

3.  · · feed · · 닭

4.  · · spider · · 거미

5.  · · frog · · 먹이를 주다

B 잘 듣고 해당하는 단어에 동그라미표를 한 다음, 단어의 의미를 쓰세요. ⓝ 030

1. hamster / hedgehog   --------------------------------

2. die / pat   --------------------------------

3. nest / rabbit   --------------------------------

C 우리말에 맞는 문장이 되도록 알맞은 단어를 쓰세요.

1. 그것은 내 새끼 고양이다. → It's my k_____.

2. 나는 그것을 쓰다듬는다. → I p_____ it.

3. 그것은 내 강아지다. → It's my p_____.

4. 그것은 짖는다. → It b_____s.

5. 그것은 내 앵무새다. → It's my p_____.

6. 그것은 꼬리를 흔든다. → It w_____s its tail.

D 주어진 영단어와 서로 관련 있는 단어를 골라 쓰세요.

1. (dog)━(_____)

2. (cat)━(_____)

3. (goldfish)━(_____)

4. (bird)━(_____)

5. (wag)━(_____)

tail   puppy   nest   kitty   fishbowl

다음 단어의 우리말 뜻을 쓰세요.

1. careful _____

2. laugh _____

3. draw _____

4. pillow _____

5. bark _____

6. weak _____

7. gentle _____

8. forget _____

9. ticket _____

10. globe _____

11. feed _____

12. smile _____

B 다음 우리말 뜻에 맞는 영단어를 쓰세요.

1. 정직한 _____

2. 비밀 _____

3. 즐기다 _____

4. 가위 _____

5. 반려동물 _____

6. 읽다 _____

7. 게으른 _____

8. 목소리 _____

9. 영화 _____

10. 그리고 _____

11. 키우다 _____

12. 교과서 _____

그림을 보고 알맞은 단어에 동그라미 하세요.

1.

A: Is Tom clever?
B: Yes, he is clever. He is not (foolish / strong).

2.

I (chat / hate) with my friend.

3.

My hobby is (listening / watching) to music.

4.

There are (bags / beds) in my bedroom.

D 빈칸에 알맞은 단어를 써넣어 문장을 완성하세요.

1. She is _____. 그녀는 수다스러워.

2. I _____ letters to my friends. 나는 내 친구들에게 편지를 보낸다.

3. I enjoy _____. 나는 그림 그리는 것을 즐겨.

4. There are _____. 자 여러 개가 있다.

5. It's my _____. 그것은 내 강아지야.

6. It _____ its tail. 그것은 꼬리를 흔든다.

drawing   rulers   talkative   send   wags   puppy

DAY 11

I like to play with a ball.

나는 공을 가지고 노는 것을 좋아해.

toy 장난감

ball 공

balloon 풍선

robot 로봇

doll 인형

puppet 인형, 꼭두각시

손에 끼고 움직이는 인형

teddy bear 테디 베어, 곰 인형

skates 스케이트

inline skates 인라인스케이트

exciting 신나는, 흥미진진한

play 놀다

like 좋아하다

ball

balloon

robot

doll

puppet

teddy bear

exciting

inline skates

blocks

build

jump rope

jump

puzzle

piece

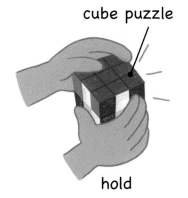

cube puzzle

hold

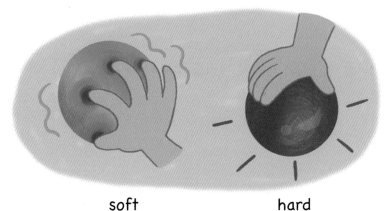

soft

hard

blocks 블록

build 짓다,
만들어 내다

jump 뛰다, 점프하다

jump rope
줄넘기, 줄넘기 하다

puzzle 퍼즐

piece 조각

cube puzzle
큐브 퍼즐

hold 잡고 있다, 쥐다

soft 부드러운

hard 딱딱한, 어려운

of ~의

role 역할

need 필요로 하다

문제로 익히기

A 그림이 나타내는 영단어와 우리말 뜻을 알맞게 연결하세요.

1.  • • balloon • • 곰인형

2.  • • teddy bear • • 로봇

3.  • • robot • • 줄넘기

4.  • • blocks • • 풍선

5.  • • jump rope • • 블록

B 잘 듣고 해당하는 단어에 동그라미표를 한 다음, 단어의 의미를 쓰세요. ⓝ033

1. play / piece   --------------------------------

2. role / robot   --------------------------------

3. of / hold   --------------------------------

C 우리말에 맞는 문장이 되도록 알맞은 단어를 고르세요.

1. 나는 풍선 가지고 노는 것을 좋아해. → I like to play with a (balloon / toy).

2. 나는 인형 가지고 노는 것을 좋아해. → I like to play with a (doll / ball).

3. 그것은 부드러워! → It's (hard / soft)!

4. 그것은 어렵지만 신나! → It's (hard / soft) but exciting!

5. 나는 퍼즐 하는 것을 좋아해. → I like to do (puzzles / blocks).

6. 나는 줄넘기하는 것을 좋아해. → I like to (hold / jump rope).

D 우리말 뜻에 맞는 영단어를 찾아 동그라미 하고 빈칸에 단어를 쓰세요.

ghballrepiecefcneedoplikejkjumppoisoftee

1. 공   ball

2. 조각

3. 필요로 하다

4. 좋아하다

5. 점프하다

6. 부드러운

There is a calendar in the living room.
거실에는 달력이 있어.

living room 거실

ceiling 천장

door 문

lock 잠그다

wall 벽

window 창문

break 깨다, 부수다

break a window 창문을 깨다

curtain 커튼

sofa 소파

floor 바닥, 층

carpet 카펫, 양탄자

about ~에 대한

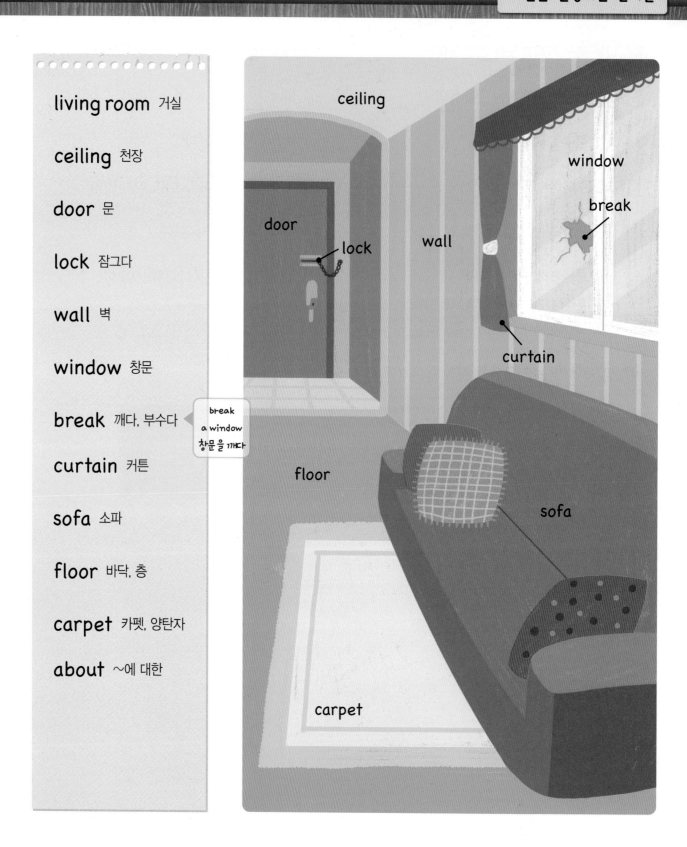

ceiling

window

break

door

lock

wall

curtain

floor

sofa

carpet

STEP 1 영단어-우리말 듣기 ⓐ 034

STEP 2 스스로 영단어 읽어 보기

STEP 3 문장 챈트 따라 말하기 ⓐ 035
There is a(n)/are _____ 물건
in the living room.
(챈트 스크립트 14쪽 참고)

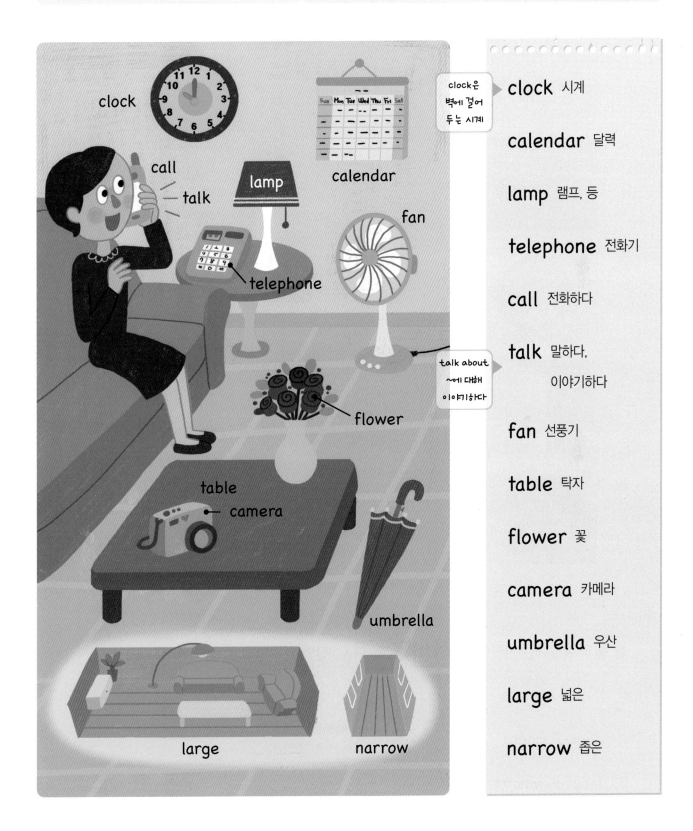

clock은 벽에 걸어 두는 시계

talk about ~에 대해 이야기하다

clock 시계

calendar 달력

lamp 램프, 등

telephone 전화기

call 전화하다

talk 말하다, 이야기하다

fan 선풍기

table 탁자

flower 꽃

camera 카메라

umbrella 우산

large 넓은

narrow 좁은

A 그림이 나타내는 영단어와 우리말 뜻을 알맞게 연결하세요.

1.  • • camera • • 창문

2.  • • call • • 카메라

3.  • • clock • • 전화하다

4. 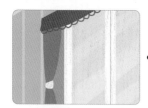 • • window • • 달력

5.  • • calendar • • 시계

B 잘 듣고 해당하는 단어에 동그라미표를 한 다음, 단어의 의미를 쓰세요. ⓞ 036

1. call / camera _____

2. door / floor _____

3. lock / talk _____

C 우리말에 맞는 문장이 되도록 알맞은 단어를 쓰세요.

1. 우리는 거기서 이야기한다. → We t＿＿＿＿＿ there.

2. 이 거실은 넓다. → This living room is l＿＿＿＿＿.

3. 거실에는 소파가 있다. → There is a s＿＿＿＿＿ in the living room.

4. 카펫과 램프가 있다. → There is a c＿＿＿＿＿ and a lamp.

5. 거실에는 탁자가 있다. → There is a t＿＿＿＿＿ in the living room.

6. 문이 여러 개 있다. → There are d＿＿＿＿＿s.

D 단어를 넣어서 퍼즐을 완성하세요.

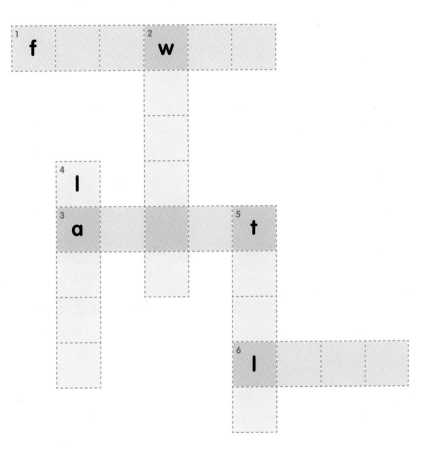

가로

1. 꽃
3. ～에 대한
6. 잠그다

세로

2. 창문
4. 넓은
5. 탁자

DAY 13

What are there in the kitchen?
부엌에는 뭐가 있니?

kitchen 부엌, 주방

water 물

bottle 병

glass 유리잔, 유리

fire 불

knife 칼 — knife의 복수형은 knives

spoon 숟가락

chopstick 젓가락 — 젓가락 한 쌍은 chopsticks!

fork 포크

delicious 맛있는

fresh 신선한

dish 접시

sweet 달콤한

close 닫다

STEP 1 영단어-우리말 듣기 ⓞ 037

STEP 2 스스로 영단어 읽어 보기

STEP 3 문장 챈트 따라 말하기 ⓞ 038

A: What are there in the kitchen?
B: There are ___물건(복수형)___ .

(챈트 스크립트 15쪽 참고)

bathroom 화장실, 세면실

bath 목욕, 목욕하다

brush 빗, 솔, 빗질하다

towel 수건

toilet 화장실, 변기

wash 씻다

toothpaste 치약

soap 비누

have 가지다, 있다

A 그림이 나타내는 영단어와 우리말 뜻을 알맞게 연결하세요.

1.  · · bottle · · 신선한

2.  · · water · · 병

3. 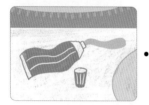 · · fresh · · 씻다

4.  · · toothpaste · · 치약

5.  · · wash · · 물

B 잘 듣고 해당하는 단어에 동그라미표를 한 다음, 단어의 의미를 쓰세요. 🔊 039

1. dish / fresh　　　----------------------------

2. knife / fork　　　----------------------------

3. soap / spoon　　　----------------------------

C 우리말에 맞는 문장이 되도록 알맞은 단어를 고르세요.

1. 부엌에는 뭐가 있어?

   → What are there in the (kitchen / bathroom)?

2. 유리잔들과 숟가락들이 있어.

   → There are glasses and (knives / spoons).

3. 포크들과 젓가락들이 있어.

   → There are (dishes / forks) and chopsticks.

4. 물과 불이 있어.   → There is water and (fire / bottle).

5. 화장실에는 뭐가 있어?   → What are there in the (bathroom / floor)?

6. 수건들이 있어.   → There are (brushes / towels).

D 주어진 단어들을 관련 있는 장소에 옮겨 쓴 다음 우리말 뜻도 쓰세요.

| dish | soap | knife | towel | chopstick | toilet |

KITCHEN

dish : 접시

:

:

BATHROOM

:

:

:

house 집

roof 지붕

room 방

garden 정원

flag 깃발, 기

gate 문, 대문

case 상자, 통

carry 나르다, 운반하다

help 돕다

pot 화분, 도자기

put 두다, 놓다

empty 비어 있는

cover 덮다, 씌우다

find 찾다, 발견하다

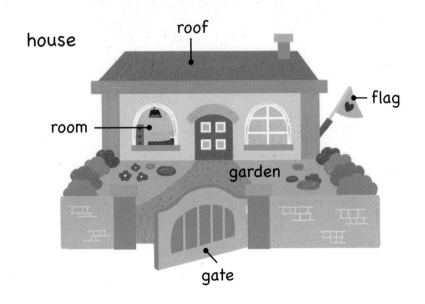

STEP 1 영단어-우리말 듣기 🔊 040

STEP 2 스스로 영단어 읽어 보기

STEP 3 문장 챈트 따라 말하기 🔊 041
A : Do you help your mother?
B : I _____.
        집안일
(챈트 스크립트 16쪽 참고)

clean

mop

vacuum cleaner

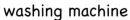
washing machine

laundry

dirty

do the
laundry
빨래를 하다

wet   dry

clean 청소하다

vacuum cleaner
진공청소기

mop 대걸레,
        대걸레로 닦다

washing machine
세탁기

laundry 세탁물,
        세탁

dirty 더러운

wet 젖은, 축축한

dry 마른, 말리다

change 바꾸다

use 사용하다

check 확인하다

A 그림이 나타내는 영단어와 우리말 뜻을 알맞게 연결하세요.

1.  • • gate • • 문

2.  • • roof • • 화분

3.  • • pot • • 지붕

4.  • • washing machine • • 젖은

5.  • • wet • • 세탁기

B 잘 듣고 해당하는 단어에 동그라미표를 한 다음, 단어의 의미를 쓰세요. 🔊042

1. change / check _____

2. clean / cover _____

3. case / carry _____

C 우리말에 맞는 문장이 되도록 알맞은 단어를 쓰세요.

1. 넌 엄마를 도와드리니? → Do you h＿＿＿＿＿ your mother?

2. 나는 정원을 청소해. → I clean the g＿＿＿＿＿.

3. 나는 빨래를 해. → I do the l＿＿＿＿＿.

4. 나는 빨래를 말려. → I d＿＿＿＿＿ the laundry.

5. 나는 진공 청소기를 사용해. → I u＿＿＿＿＿ a vacuum cleaner.

6. 나는 화분에 물을 줘. → I water the p＿＿＿＿＿s.

D 집안일을 도와달라는 엄마의 쪽지를 보고, 빈칸에 알맞은 단어를 골라 쓰세요.

Semi! Please help me!

1. Clean your ＿＿＿＿＿!

2. ＿＿＿＿＿ the floor!

3. ＿＿＿＿＿ these boxes!

4. Clean the ＿＿＿＿＿!

| room | Carry | garden | Mop |

I go to the library in my free time.

나는 자유 시간에 도서관에 가.

여가 활동을 나타내는 단어들

free time 자유 시간

picnic 소풍

relax 휴식을 취하다

rest 휴식

gym 체육관

schedule 일정, 스케줄

plan 계획, 계획하다

downtown 시내에

travel 여행, 여행하다

trip 여행, 여행하다

vacation 방학, 휴가

hide 숨기다, 감추다

picnic

relax / rest

gym

schedule / plan

downtown

travel은 장거리 여행, trip은 관광 등의 목적이 있는 짧은 여행

travel

hide

choose / pick

library

lend

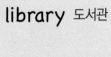

diary

write

study

hit

fix

cry

'빌리다'는
borrow ▶

library 도서관

choose 선택하다

pick 고르다

lend 빌려주다

diary 일기

write 쓰다

study 공부하다

hit 치다, 때리다

cry 울다

fix 수리하다

go 가다

continue 계속하다

stay 머물다

A 그림이 나타내는 영단어와 우리말 뜻을 알맞게 연결하세요.

1. 　　　• 　　• cry •　　• 고르다

2. 　　　• 　　• fix •　　• 숨기다

3. 　　　• 　　• pick •　　• 울다

4. 　　　• 　　• study •　　• 공부하다

5. 　　　• 　　• hide •　　• 수리하다

B 잘 듣고 해당하는 단어에 동그라미표를 한 다음, 단어의 의미를 쓰세요. ① 045

1. choose / continue　　　----------------------------

2. fix / gym　　　----------------------------

3. hit / hide　　　----------------------------

C 우리말에 맞는 문장이 되도록 알맞은 단어를 고르세요.

1. 나는 자유 시간에 도서관에 가.   → I go to the (library / travel) in my free time.

2. 나는 일기를 써.   → I write my (diary / study).

3. 나는 체육관에 가.   → I go to the (fix / gym).

4. 나는 소풍을 가.   → I go on a (plan / picnic).

5. 나는 여행을 가.   → I go on a (trip / pick).

6. 나는 시내로 가.   → I go (downtown / schedule).

D 세미가 하는 일들을 보고, 빈칸에 알맞은 단어를 골라 쓰세요.

1. I _____. 나는 쉰다.
2. I _____ my bicycle. 나는 자전거를 수리한다.
3. I _____ English. 나는 영어를 공부한다.
4. I _____ a little. 나는 조금 운다.

study   cry   fix   relax

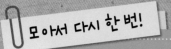
 A 다음 단어의 우리말 뜻을 쓰세요.

1. piece _____

2. lock _____

3. spoon _____

4. roof _____

5. library _____

6. exciting _____

7. hold _____

8. large _____

9. wash _____

10. check _____

11. choose _____

12. umbrella _____

B 다음 우리말 뜻에 맞는 영단어를 쓰세요.

1. 좋아하다 _____

2. 소파 _____

3. 신선한 _____

4. 세탁물 _____

5. 방학, 휴가 _____

6. 맛있는 _____

7. 부드러운 _____

8. 꽃 _____

9. 포크 _____

10. 대걸레 _____

11. 숨기다 _____

12. 말리다 _____

C 그림을 보고 알맞은 단어에 동그라미 하세요.

1.

   I like to play with a (balloon / puppet).

2.

   A: What are there in the living room?

   B: There is a (calendar / camera) in the living room.

3.

   A: What are there in the kitchen?

   B: There are (bottles / dishes) in the kitchen.

4.

   A: Do you help your mother?

   B: Of course! I (clean / wash) the garden.

D 빈칸에 알맞은 단어를 써넣어 문장을 완성하세요.

1. I go on a _____ in my free time. 나는 자유 시간에 소풍을 가.

2. I _____ home and study in my free time.
   나는 자유 시간에 집에 머물면서 공부해.

3. I use a _____. 나는 세탁기를 사용해.

4. What are there in the _____? 화장실에는 뭐가 있어?

5. This living room is not _____. 이 거실은 좁지 않아.

6. I like to do a _____. 나는 퍼즐 하는 것을 좋아해.

bathroom picnic puzzle washing machine narrow stay

DAY 16

Can you tell me your day?
네 하루를 말해 줄래?

나의 하루를 나타내는 단어들

morning 아침

breakfast 아침 식사

wake (잠에서) 깨다

afternoon 오후

lunch 점심 식사

eat 먹다

evening 저녁
> evening은 주로 잠들기 전까지의 오후 6시부터 10시까지는 뜻해요!

dinner 저녁 식사

drink 마시다

night 밤
> night은 해가 떠있지 않은 모든 시간!

sleep 잠자다

dream 꿈을 꾸다

ready 준비가 된

morning

breakfast

afternoon

lunch

evening

dinner

night

sleep

STEP 1 영단어-우리말 듣기 🔊 046

STEP 2 스스로 영단어 읽어 보기

STEP 3 문장 챈트 따라 말하기 🔊 047

I _____하루 일과_____ around
_____시간_____ .

(챈트 스크립트 19쪽 참고)

early

late

busy

homework

arrive / home

finish

begin

finish는 일 등을
'마친다'는 뜻이고,
end는 사건이나
상황이 '끝이
나다'라는 뜻!

hear

open

health

early	일찍, 이른
late	늦은, 지각한
busy	바쁜
homework	숙제
arrive	도착하다
home	집
begin	시작하다
finish	끝내다, 마치다
end	끝, 끝내다
hear	듣다
open	열다
health	건강
join	함께하다, 연결하다

A 그림이 나타내는 영단어와 우리말 뜻을 알맞게 연결하세요.

1.  • • drink • • 잠자다

2.  • • eat • • 마시다

3.  • • open • • 듣다

4.  • • sleep • • 먹다

5.  • • hear • • 열다

B 잘 듣고 해당하는 단어에 동그라미표를 한 다음, 단어의 의미를 쓰세요. ⓝ 048

1. health / late _____

2. busy / ready _____

3. morning / evening _____

C 우리말에 맞는 문장이 되도록 알맞은 단어를 쓰세요.

1. 나는 하루 종일 바빠. → I'm b_____ all day.

2. 나는 일찍 일어난다. → I wake up e_____.

3. 나는 아침을 먹는다. → I eat b_____.

4. 나는 점심을 먹는다. → I have l_____.

5. 나는 숙제를 끝낸다. → I finish my h_____.

6. 나는 밤 11시쯤에 잔다. → I sleep around 11 at n_____.

D 하루 일과표를 보고, 빈칸에 알맞은 단어를 골라 쓰세요.

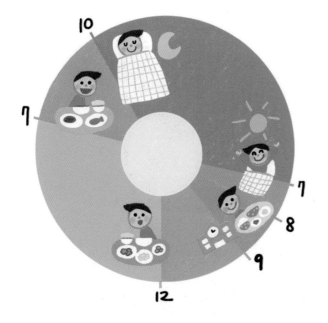

1. I wake up at 7 in the _____.

2. I eat _____ at 8.

3. I _____ at school at 9.

4. I eat _____ at 12.

5. I eat _____ at 7.

6. I _____ at 10.

sleep	morning	lunch
breakfast	dinner	arrive

Day 16. 나의 하루를 나타내는 단어들 · 79

Congratulations!
축하해!

birthday 생일

party 파티

invite 초대하다

visit 방문하다

congratulate 축하하다

'Congratulations.'는 '축하해.'라는 말!

present 선물

gift 선물

present와 gift는 같은 말

card 카드

receive 받다

give 주다

cook 요리하다

wait 기다리다

bring 가져오다, 데려오다

set (특정 장소에) 놓다, (특정 상태에 있게) 하다

birthday / party

congratulate

invite   visit

present / gift

card   receive   give

cook   wait

bring   set

New Year's Day

Christmas

Halloween

anniversary

New Year's Day
설날

Christmas
크리스마스

Halloween
핼러윈 (10월 31일 밤)

anniversary
기념일

what 무엇, 어떤

when 언제

where 어디

who 누구

why 왜

how 어떻게

편지를 쓸 때는 'Dear. 받는 사람'으로 시작해요. ▶ **dear** 사랑하는, 소중한

want 원하다

A 그림이 나타내는 영단어와 우리말 뜻을 알맞게 연결하세요.

1.

   • cook • • 요리하다

2.

   • card • • 카드

3.

   • gift • • 크리스마스

4.

   • Christmas • • 놓다

5.

   • set • • 선물

B 잘 듣고 해당하는 단어에 동그라미표를 한 다음, 단어의 의미를 쓰세요. ① 051

1. what / when   ----------------------------

2. who / how   ----------------------------

3. why / party   ----------------------------

C 우리말에 맞는 문장이 되도록 알맞은 단어를 고르세요.

1. 나는 친구의 집을 방문한다. → I (visit / invite) my friend's house.

2. 나는 네게 카드와 선물을 준다. → I (receive / give) you a card and a gift.

3. 나는 널 위해 선물을 가져온다. → I (bring / want) a present for you.

4. 너는 나를 파티에 초대한다. → You (invite / cook) me to the party.

5. 핼러윈 같다. → It's like (Halloween / Christmas).

6. 나는 설날을 기다린다. → I (wait / set) for New Year's Day.

D 세미의 생일 파티 모습을 보고, 빈칸에 알맞은 단어를 골라 쓰세요.

3. Happy _____!
생일 축하해!

1. _____!
축하해!

2. I _____ for you.
내가 널 위해 요리를 하는 거야.

4. I give you a _____.
내가 너에게 선물을 주는 거야.

cook   birthday   present   Congratulations

Be quiet in the classroom!
교실에서 조용히 해!

school 학교

classroom 교실

class 학급, 수업

lesson 수업

blackboard 칠판

chalk 분필

learn 배우다

group 무리, 그룹

middle 중앙, 가운데

middle school은
중학교,
high school은
고등학교!

absent 결석한

page 페이지, 쪽

example 예

point 요점, 가리키다

school / classroom

blackboard

3 - 2

class

chalk

learn

lesson

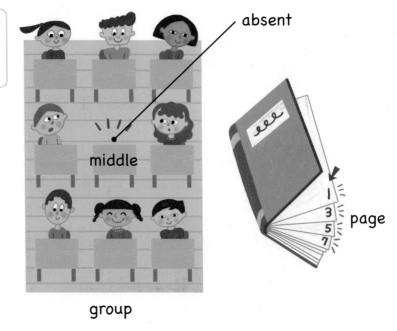

absent

middle

page

group

84

STEP 1 영단어-우리말 듣기 🎧 052

STEP 2 스스로 영단어 읽어 보기

STEP 3 문장 챈트 따라 말하기 🎧 053

명령
_____ in the classroom!
(챈트 스크립트 21쪽 참고)

question
ask
answer

test
problem

knock

correct   wrong

quiet   loud / noise

ask의
반대말은
answer

ask 묻다, 물어보다

question 질문

answer 답, 답하다

test 시험

problem 문제,
곤란한 일

knock 두드리다

'고치다'라는
뜻으로도
쓰여요!

correct 맞는, 정확한

wrong 틀린, 잘못된

quiet 조용한

loud 시끄러운

noise 소리, 소음

repeat 반복하다

A 그림이 나타내는 영단어와 우리말 뜻을 알맞게 연결하세요.

1.  • • blackboard • • 시끄러운

2.  • • test • • 칠판

3.  • • loud • • 시험

4.  • • page • • 정확한

5.  • • correct • • 쪽

B 잘 듣고 해당하는 단어에 동그라미표를 한 다음, 단어의 의미를 쓰세요. ⓝ 054

1. answer / ask _____

2. example / problem _____

3. group / noise _____

C 우리말에 맞는 문장이 되도록 알맞은 단어를 쓰세요.

1. 교실에서 조용히 해! → Be q_____ in the classroom!

2. 학교에 결석하지 마! → Don't be a_____ from school!

3. 질문을 해라. → Ask q_____s.

4. 선생님 (말을) 반복해라. → R_____ the teacher.

5. 문을 두드려라. → K_____ on the door.

6. 분필을 사용해라. → Use c_____s.

D 단어를 넣어서 퍼즐을 완성하세요.

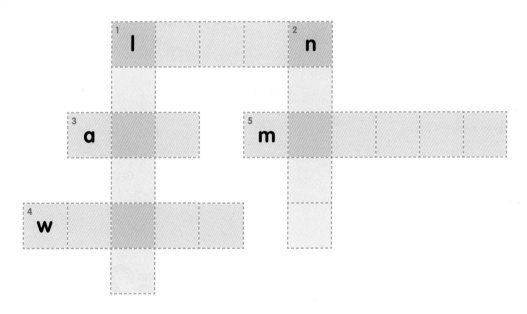

가로

1. 배우다   3. 묻다
4. 틀린   5. 중앙, 가운데

세로

1. 수업
2. 소음

You should study hard!
넌 공부를 열심히 해야 해!

Korean 국어

science 과학

English 영어

art 미술

artist 예술가

sketchbook
스케치북

crayon 크레용

math 수학

plus 더하기, 더하다

minus 빼기, 빼다

review 복습하다

guess 추측하다

mathematics를
줄여서 math라고 해요.

Korean

science

English

artist
art

sketchbook

crayon

math

$$1+1=2$$
plus

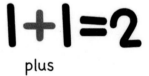

$$2-1=1$$
minus

| STEP 1 | 영단어-우리말 듣기 ◎ 055 |

| STEP 2 | 스스로 영단어 읽어 보기 |

| STEP 3 | 문장 챈트 따라 말하기 ◎ 056 |

You should study _____ 과목
hard.
(챈트 스크립트 22쪽 참고)

difficult   easy

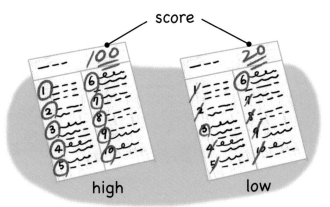

score

high   low

spell

dictionary

idea

difficult 어려운

easy 쉬운

score 점수

high 높은

low 낮은

dictionary 사전

> spell + ing
> = spelling
> 철자, 맞춤법

spell 철자를 쓰다

idea 아이디어

memorize 암기하다

remember 기억하다

mean 의미하다

> I'm able to~
> 나는 ~할 수 있다

able to ~할 수 있는

A 그림이 나타내는 영단어와 우리말 뜻을 알맞게 연결하세요.

1.

difficult • • 과학

2.

science • • 어려운

3.

crayon • • 크레용

4.

spell • • 철자를 쓰다

5.

artist • • 화가

B 잘 듣고 해당하는 단어에 동그라미표를 한 다음, 단어의 의미를 쓰세요. ⓞ 057

1. remember / review　　　-------------------------

2. mean / minus　　　-------------------------

3. science / score　　　-------------------------

C 우리말에 맞는 문장이 되도록 알맞은 단어를 고르세요.

1. 너는 크레용을 사용할 수 있어. → You can use a (crayon / sketchbook).

2. 너는 수학을 열심히 공부해야 해. → You should study (art / math) hard.

3. 그것은 쉬워. → It's (difficult / easy).

4. 너는 영어를 열심히 공부해야 해. → You should study (Korean / English) hard.

5. 너는 사전을 사용할 수 있어. → You can use a (dictionary / spell).

6. 너는 높은 점수를 받아야 해. → You should get a high (score / plus).

D 우리말 뜻에 해당하는 영단어를 쓰고, 퍼즐에서 찾아 동그라미 하세요.

```
Q I A O M C K E S V
P C D A L O M L H G
R A T E R X P B W T
A H U E A B D A R T
J M A C D M E F N F
I N S S E U G V T S
S L K Y B E O J N P
V Z M V F A F M B E
A O R D Q G T M F L
J D Z L B M X L J L
```

1. 국어   K_____

2. 아이디어   i_____

3. 미술   a_____

4. 추측하다   g_____

5. 수학   m_____

6. 철자를 쓰다   s_____

Can you count numbers?

숫자를 셀 수 있니?

number 숫자

zero 0, 영

one 1, 하나

two 2, 둘

three 3, 셋

four 4, 넷

five 5, 다섯

six 6, 여섯

seven 7, 일곱

eight 8, 여덟

nine 9, 아홉

ten 10, 열

eleven 11, 열하나

twelve 12, 열둘

number
one
two
three
four
seven
six
five
eight
nine
ten
twelve
eleven

STEP 1 영단어-우리말 듣기 🔊 058

STEP 2 스스로 영단어 읽어 보기

STEP 3 문장 챈트 따라 말하기 🔊 059

A : Can you count numbers?

B : _____ .
　　　　　　　　숫자

(챈트 스크립트 23쪽 참고)

thirteen　13, 열셋

fourteen　14, 열넷

fifteen　15, 열다섯

sixteen　16, 열여섯

seventeen
17, 열일곱

eighteen　18, 열여덟

nineteen　19, 열아홉

twenty　20, 스물

twenty one
21, 스물하나

twenty two
22, 스물둘

hundred　100, 백

thousand　1000, 천

문제로 익히기

A 다음 숫자들에 해당하는 영단어를 쓰세요.

0	1	2	3
4	5	6	7
8	9	10	11
12	13	14	15
16	17	18	19
20	21	22	100
1000			

B 잘 듣고 해당하는 단어에 동그라미표를 한 다음, 단어의 의미를 쓰세요. 🔊 060

1. six / seven   --------------------------

2. twelve / twenty   --------------------------

3. hundred / thousand   --------------------------

C 우리말에 맞는 문장이 되도록 알맞은 단어를 쓰세요.

1. 숫자를 셀 수 있니?　　　　　→ Can you count n＿＿＿＿＿＿＿＿s?

2. 난 5를 셀 수 있어.　　　　　→ I can count f＿＿＿＿＿＿＿＿.

3. 난 7을 셀 수 있어.　　　　　→ I can count s＿＿＿＿＿＿＿＿.

4. 난 13을 셀 수 있어.　　　　→ I can count t＿＿＿＿＿＿＿＿.

5. 난 16을 셀 수 있어.　　　　→ I can count s＿＿＿＿＿＿＿＿.

6. 난 21을 셀 수 있어.　　　　→ I can count t＿＿＿＿＿＿＿＿.

D 다음 문제의 정답을 영단어로 쓰세요.

1. (3 + 8)　＝　＿＿＿＿＿＿＿＿

2. (12 + 8)　＝　＿＿＿＿＿＿＿＿

3. (20 - 4)　＝　＿＿＿＿＿＿＿＿

4. (10 - 5)　＝　＿＿＿＿＿＿＿＿

5. (2 × 2)　＝　＿＿＿＿＿＿＿＿

6. (9 × 2)　＝　＿＿＿＿＿＿＿＿

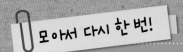

종합 테스트 (Day 16~20)

 A 다음 단어의 우리말 뜻을 쓰세요.

1. morning ＿＿＿＿＿＿＿＿

2. anniversary ＿＿＿＿＿＿＿＿

3. learn ＿＿＿＿＿＿＿＿

4. review ＿＿＿＿＿＿＿＿

5. seven ＿＿＿＿＿＿＿＿

6. busy ＿＿＿＿＿＿＿＿

7. ready ＿＿＿＿＿＿＿＿

8. what ＿＿＿＿＿＿＿＿

9. repeat ＿＿＿＿＿＿＿＿

10. mean ＿＿＿＿＿＿＿＿

11. thirteen ＿＿＿＿＿＿＿＿

12. cook ＿＿＿＿＿＿＿＿

B 다음 우리말 뜻에 맞는 영단어를 쓰세요.

1. 저녁 식사 ＿＿＿＿＿＿＿＿

2. 축하하다 ＿＿＿＿＿＿＿＿

3. 물어보다 ＿＿＿＿＿＿＿＿

4. 어려운 ＿＿＿＿＿＿＿＿

5. 열하나 ＿＿＿＿＿＿＿＿

6. 결석한 ＿＿＿＿＿＿＿＿

7. 열다 ＿＿＿＿＿＿＿＿

8. 원하다 ＿＿＿＿＿＿＿＿

9. 중앙, 가운데 ＿＿＿＿＿＿＿＿

10. 사전 ＿＿＿＿＿＿＿＿

11. 스물 ＿＿＿＿＿＿＿＿

12. 암기하다 ＿＿＿＿＿＿＿＿

C 그림을 보고 알맞은 단어에 동그라미 하세요.

1.
A: Can you tell me your day?
B: I (wake / arrive) up early in the morning.

2.
Congratulations on your (birthday / Halloween).

3.
Be (quiet / ask) in the classroom.

4.
You can use a (crayon / dictionary) and
a sketchbook.

D 빈칸에 알맞은 단어를 써넣어 문장을 완성하세요.

1. I _____ my homework around 7. 나는 7시쯤에 숙제를 끝낸다.

2. I _____ a present for you. 나는 널 위해 선물을 가져와.

3. _____ the questions. 질문에 답을 해라.

4. You should get a high _____. 너는 높은 점수를 받아야 해.

5. You should study _____ hard. 너는 과학을 열심히 공부해야 해.

6. I can count _____. 나는 18을 셀 수 있어.

score   bring   Answer   finish   science   eighteen

DAY 21 Let's stand in line.
줄을 서자.

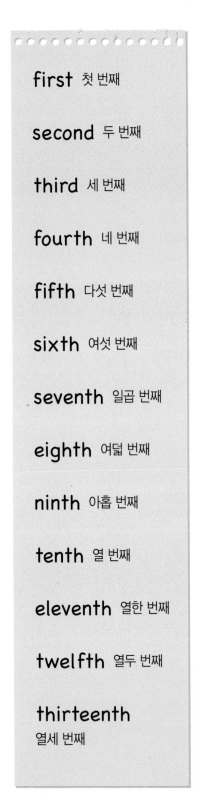

first 첫 번째

second 두 번째

third 세 번째

fourth 네 번째

fifth 다섯 번째

sixth 여섯 번째

seventh 일곱 번째

eighth 여덟 번째

ninth 아홉 번째

tenth 열 번째

eleventh 열한 번째

twelfth 열두 번째

thirteenth
열세 번째

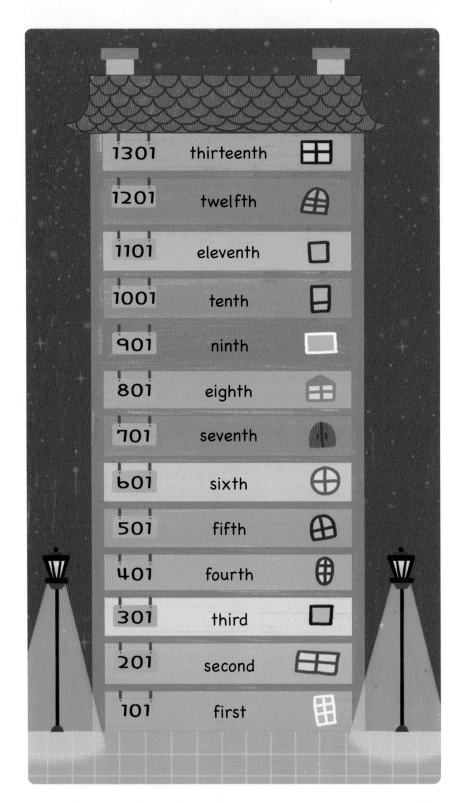

1301	thirteenth
1201	twelfth
1101	eleventh
1001	tenth
901	ninth
801	eighth
701	seventh
601	sixth
501	fifth
401	fourth
301	third
201	second
101	first

98

STEP 1 영단어-우리말 듣기 🎧 061

STEP 2 스스로 영단어 읽어 보기

STEP 3 문장 챈트 따라 말하기 🎧 062

Let's stand in line.
I'm the _____서수_____ in line.
(챈트 스크립트 25쪽 참고)

fourteenth	열네 번째
fifteenth	열다섯 번째
sixteenth	열여섯 번째
seventeenth	열일곱 번째
eighteenth	열여덟 번째
nineteenth	열아홉 번째
twentieth	스무 번째
twenty-first	스물한 번째
twenty-second	스물두 번째
twenty-third	스물세 번째
hundredth	백 번째
thousandth	천 번째

A 다음 서수들에 알맞은 영단어를 쓰세요.

첫 번째	두 번째	세 번째
-----------	-----------	-----------

네 번째	다섯 번째	여섯 번째
-----------	-----------	-----------

열 번째	열한 번째	열두 번째
-----------	-----------	-----------

열세 번째	스무 번째	백 번째
-----------	-----------	-----------

B 잘 듣고 해당하는 단어에 동그라미표를 한 다음, 단어의 의미를 쓰세요. ⓝ 063

1. fourth / ninth   ----------------

2. eleventh / eighth   ----------------

3. hundredth / thousandth ----------------

C 우리말에 맞는 문장이 되도록 알맞은 단어를 쓰세요.

1. 나는 줄에서 첫 번째야. → I'm the f _____ in line.

2. 너는 줄에서 두 번째야. → You're the s _____ in line.

3. 그녀는 줄에서 세 번째야. → She's the t _____ in line.

4. 그는 줄에서 다섯 번째야. → He's the f _____ in line.

5. 나는 줄에서 열 번째야. → I'm the t _____ in line.

6. 나는 줄에서 스무 번째야. → I'm the t _____ in line.

D 우리말 뜻에 맞는 영단어를 찾아 동그라미 한 후, 단어를 쓰세요.

trfirstehlsecondllehthirdqpfourthbntenthdfifteenth

1. 첫 번째 _____first_____

2. 두 번째 _____

3. 세 번째 _____

4. 네 번째 _____

5. 열 번째 _____

6. 열다섯 번째 _____

month 달, 월

January 1월

February 2월

March 3월

April 4월

May 5월

June 6월

July 7월

August 8월

September 9월

October 10월

November 11월

December 12월

STEP 1 영단어-우리말 듣기 🔊 064

STEP 2 스스로 영단어 읽어 보기

STEP 3 문장 챈트 따라 말하기 🔊 065
A : What day is it?
B : It's _____ 요일 .
(챈트 스크립트 26쪽 참고)

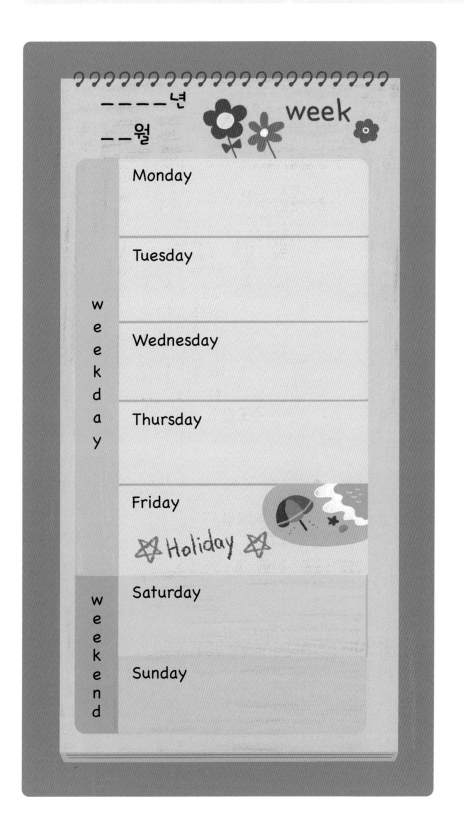

day 요일, 날

Monday 월요일

Tuesday 화요일

Wednesday 수요일

Thursday 목요일

Friday 금요일

Saturday 토요일

Sunday 일요일

week 주, 일주일

weekday 평일

weekend 주말

holiday 휴일, 휴가

A 다음 월과 요일에 알맞은 영단어를 쓰세요.

1월	2월	3월	4월

5월	6월	7월	8월

9월	10월	11월	12월

월요일	화요일	수요일	목요일

금요일	토요일	일요일

B 잘 듣고 해당하는 단어에 동그라미표를 한 다음, 단어의 의미를 쓰세요. ⊙ 066

1. March / May ------------------------------

2. Tuesday / Thursday ------------------------------

3. weekday / weekend ------------------------------

C 우리말에 맞는 문장이 되도록 알맞은 단어를 쓰세요.

1. 오늘 무슨 요일이야?　→ What d＿＿＿＿＿＿ is it today?

2. 12월 9일 목요일이야.　→ It's Thursday, D＿＿＿＿＿＿＿＿＿ ninth.

3. 4월 4일 금요일이야.　→ It's Friday, A＿＿＿＿＿＿ fourth.

4. 2월 17일 토요일이야.　→ It's Saturday, F＿＿＿＿＿＿ seventeenth.

5. 11월 2일 일요일이야.　→ It's S＿＿＿＿＿＿, November second.

6. 5월 3일 수요일이야.　→ It's W＿＿＿＿＿＿, May third.

D 세미와 친구들의 대화를 보고, 빈칸에 알맞은 단어를 골라 쓰세요.

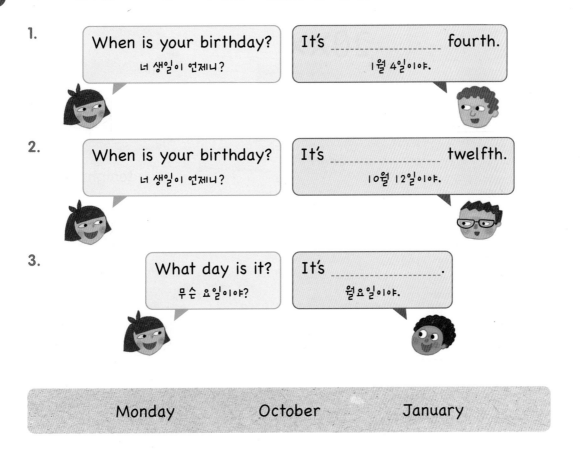

1. When is your birthday?
너 생일이 언제니?

It's ＿＿＿＿＿＿ fourth.
1월 4일이야.

2. When is your birthday?
너 생일이 언제니?

It's ＿＿＿＿＿＿ twelfth.
10월 12일이야.

3. What day is it?
무슨 요일이야?

It's ＿＿＿＿＿＿.
월요일이야.

| Monday | October | January |

time 시간

yesterday 어제

today 오늘

tomorrow 내일

year 년, 해

tonight 오늘 밤

hour 1시간, 시간

minute 분

o'clock ~시(정각)

half 반, 절반

> two and a half
> 2시 30분

past 지나간
(시간이 정각에서 몇 분 지났음을 나타낼 때)

> ten (minutes) past six
> 6시 10분

really 진짜로, 실제로

yesterday · today

tomorrow

year

tonight

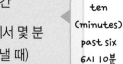

hour · minute · o'clock · half

106

STEP 1 영단어-우리말 듣기 🔊 067

STEP 2 스스로 영단어 읽어 보기

STEP 3 문장 챈트 따라 말하기 🔊 068

A : What time is it now?
B : It's _____시간_____ o'clock.

(챈트 스크립트 27쪽 참고)

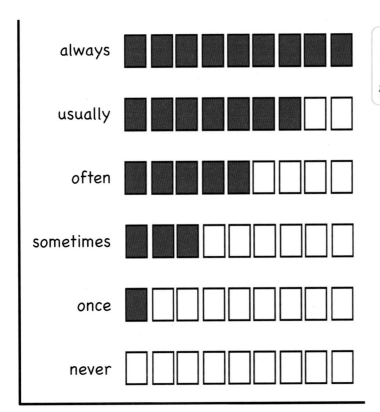

아래로 내려갈수록 빈도 수가 줄어들어요.

always 항상

usually 보통, 대개

often 종종, 자주

sometimes 가끔

once 한 번

never 결코 ~않다

now 지금, 현재

ago 전에

then 그때

soon 곧

until ~까지

last 지난, 가장 최근의

ahead 앞에, 앞으로

now

ago

A 그림이 나타내는 영단어와 우리말 뜻을 알맞게 연결하세요.

1.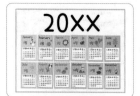

   • o'clock • • 절반

2.

   • half • • 오늘 밤

3.

   • hour • • 시간

4.

   • tonight • • ~시(정각)

5.

   • year • • 년, 해

B 잘 듣고 해당하는 단어에 동그라미표를 한 다음, 단어의 의미를 쓰세요. ① 069

1. hour / half ----------------------------

2. ahead / until ----------------------------

3. past / last ----------------------------

C 우리말에 맞는 문장이 되도록 알맞은 단어를 고르세요.

1. 지금 몇 시야?　　　　→ What (time / hour) is it now?

2. 9시 정각이야.　　　　→ It's nine (o'clock / minute).

3. 6시 30분이야.　　　　→ It's six and a (then / half).

4. 나는 항상 7시에 일어난다.

   → I (always / once) wake up at seven o'clock.

5. 나는 종종 친구들과 축구를 한다.

   → I (never / often) play soccer with my friends.

6. 나는 가끔 책을 읽는다.

   → I (sometimes / ago) read books.

D 세미의 일주일 생활기록을 보고, 빈칸에 알맞은 단어를 골라 쓰세요.

	Mon.	Tue.	Wed.	Thu.	Fri.	Sat.	Sun.
watching TV	✓	✓	✓	✓	✓	✓	✓
going to the library			✓				✓
cleaning the room							
meeting friends	✓		✓		✓		✓

1. Semi _____ watches TV.

2. Semi _____ goes to the library.

3. Semi _____ cleans the room.

4. Semi _____ meets friends.

> never
> sometimes
> often
> always

weather 날씨

sun 해, 태양

sunny 화창한

clear 맑은

cloud 구름

cloudy 구름이 낀

wind 바람

windy 바람이 부는

rain 비

rainy 비가 오는

rainbow 무지개

snow 눈

snowy 눈이 오는

fog 안개

foggy 안개가 낀

sunny / clear

cloudy

windy

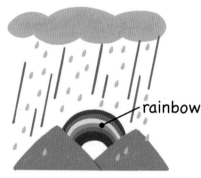

rainbow

rainy

snowy

foggy

STEP 1 영단어-우리말 듣기 🔊 070

STEP 2 스스로 영단어 읽어 보기

STEP 3 문장 챈트 따라 말하기 🔊 071
A : How's the weather?
B : It's _____ 날씨 _____ .
(챈트 스크립트 28쪽 참고)

hot

warm

내려갈수록
추워져요!

cool

chilly

cold

freezing

stormy

lightning / thunder

hot 더운, 뜨거운

warm 따뜻한

cool 시원한

chilly 쌀쌀한

cold 추운

freezing
(얼 정도로) 너무나 추운

storm 폭풍우

stormy
폭풍우가 몰아치는

lightning 번개

thunder 천둥

A 그림이 나타내는 영단어와 우리말 뜻을 알맞게 연결하세요.

1. 　　　・　　　・ cloudy ・　　　・ 눈이 오는

2. 　　　・　　　・ sunny ・　　　・ 구름이 낀

3. 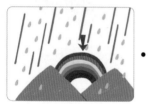　　　・　　　・ rainbow ・　　　・ 화창한

4. 　　　・　　　・ thunder ・　　　・ 천둥

5. 　　　・　　　・ snowy ・　　　・ 무지개

B 잘 듣고 해당하는 단어에 동그라미표를 한 다음, 단어의 의미를 쓰세요. 🎧072

1. clear / cloudy　　　---------------------------

2. lightning / thunder　　　---------------------------

3. cool / stormy　　　---------------------------

C 우리말에 맞는 문장이 되도록 알맞은 단어를 쓰세요.

1. 더워. → It's h _____.

2. 따뜻해. → It's w _____.

3. 쌀쌀해. → It's c _____.

4. 시원해. → It's c _____.

5. 폭풍우가 몰아쳐. → It's s _____.

6. 얼 정도로 추워. → It's f _____.

D 주간 일기예보를 보고, 빈칸에 알맞은 단어를 골라 쓰세요.

Mon.	Tue.	Wed.	Thu.	Fri.	Sat.	Sun.

1. It's _____ on Monday and Tuesday.

2. It's _____ on Wednesday.

3. It's _____ on Thursday and Friday.

4. It's _____ this weekend.

foggy　　　sunny　　　rainy　　　windy

Which season do you like?
너는 어떤 계절을 좋아하니?

season 계절

spring 봄

blossom 꽃, 꽃이 피다

wonderful 아주 멋진, 훌륭한

allergy 알레르기

runny nose 콧물

cough 기침

summer 여름

camping 캠핑

tent 텐트

ice cream 아이스크림

air-conditioner 에어컨

mosquito 모기

beach 해변

sweat 땀, 땀을 흘리다

surfing 파도타기, 서핑

STEP I 영단어-우리말 듣기 ⓝ 073

STEP 2 스스로 영단어 읽어 보기

STEP 3 문장 챈트 따라 말하기 ⓝ 074

A : Which season do you like?
B : I like _____ 계절 .
(챈트 스크립트 29쪽 참고)

autumn / fall

harvest

snowman

mittens

winter

ice

muffler

sled

autumn과 fall은 모두 '가을'!

autumn 가을

fall 가을

harvest 추수하다

winter 겨울

snowman 눈사람

mittens 손모아장갑

muffler 목도리

ice 얼음

sled 썰매

A 그림이 나타내는 영단어와 우리말 뜻을 알맞게 연결하세요.

1.

2.

3.

4.

5.

mosquito · · 파도타기

sled · · 썰매

surfing · · 기침

tent · · 모기

cough · · 텐트

B 잘 듣고 해당하는 단어에 동그라미표를 한 다음, 단어의 의미를 쓰세요. ⊙ 075

1. sled / surfing _____

2. muffler / mittens _____

3. beach / blossom _____

C 우리말에 맞는 문장이 되도록 알맞은 단어를 고르세요.

1. 너는 어느 계절이 좋아?

    → Which (season / wonderful) do you like?

2. 꽃이 핀 봄.

    → (Spring / Summer) with blossoms.

3. 아이스크림이 있는 여름.

    → (Season / Summer) with ice cream.

4. 추수를 하는 가을.

    → (Sled / Autumn) with harvest.

5. 눈사람이 있는 겨울.

    → (Winter / Sweat) with snowman.

6. 콧물이 나는 봄.

    → Spring with (runny nose / cough).

D 주어진 단어들을 관련 있는 계절의 칸에 옮겨 쓰세요.

Spring	Summer	Fall	Winter

snowman	air-conditioner	blossom	mosquito
harvest	sled	muffler	surfing	mittens

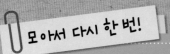

종합 테스트 (Day 21~25)

 A 다음 단어의 우리말 뜻을 쓰세요.

1. fourth _____

2. month _____

3. tomorrow _____

4. stormy _____

5. season _____

6. second _____

7. fifteenth _____

8. weekend _____

9. never _____

10. freezing _____

11. sled _____

12. holiday _____

B 다음 우리말 뜻에 맞는 영단어를 쓰세요.

1. 첫 번째 _____

2. 11월 _____

3. 지금 _____

4. 무지개 _____

5. 기침 _____

6. 한 번 _____

7. 세 번째 _____

8. 목요일 _____

9. 곧 _____

10. 쌀쌀한 _____

11. 추수하다 _____

12. 번개 _____

C 그림을 보고 알맞은 단어에 동그라미 하세요.

1.

   A: What's the date today?

   B: It's Friday, (December / September) ninth.

2.

   A: What time is it now?

   B: It's nine (o'clock / past).

3.

   A: How's the weather?

   B: It's (cloudy / sunny).

4.

   A: Which season do you like?

   B: I like (spring / summer).

D 빈칸에 알맞은 단어를 써넣어 문장을 완성하세요.

1. I'm the _____ in line.　나는 줄에서 다섯 번째야.

2. It's _____ fourth.　4월 4일이다.

3. I _____ read books.　나는 가끔 책을 읽는다.

4. It's _____.　비가 와.

5. I like summer with _____.　나는 아이스크림이 있는 여름이 좋다.

6. I like winter with _____.　나는 손모아장갑이 있는 겨울이 좋다.

---

rainy　April　mittens　fifth　ice cream　sometimes

baseball 야구

throw 던지다

catch 잡다

basketball 농구

basket 바구니

soccer 축구

football 축구

kick (발로) 차다

volleyball 배구

badminton
배드민턴

tennis 테니스

ping pong 탁구

practice 연습,
연습하다

throw
catch
baseball

basket
basketball

kick
soccer / football

volleyball

badminton

tennis

ping pong

STEP I 영단어-우리말 듣기 🔊 076

STEP 2 스스로 영단어 읽어 보기

STEP 3 문장 챈트 따라 말하기 🔊 077

My favorite sport is
_____운동 종목_____ .
(챈트 스크립트 31쪽 참고)

yoga

dodgeball

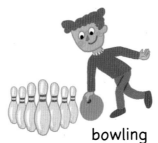

bowling

jogging

marathon / race

Rules!!!
You can...
You can't...
rule

match

team

win

lose

yoga	요가
dodgeball	피구
bowling	볼링
jogging	조깅
marathon	마라톤
race	경주, 달리기
match	경기, 시합
team	팀, 단체
rule	규칙
win	이기다
lose	지다
try	노력하다

A 그림이 나타내는 영단어와 우리말 뜻을 알맞게 연결하세요.

1.  • • win • • 조깅

2.  • • jogging • • 던지다

3.  • • throw • • 이기다

4.  • • race • • 요가

5.  • • yoga • • 경주

B 잘 듣고 해당하는 단어에 동그라미표를 한 다음, 단어의 의미를 쓰세요. ① 078

1. match / catch _____

2. try / tennis _____

3. rule / race _____

C 우리말에 맞는 문장이 되도록 알맞은 단어를 쓰세요.

1. 내가 가장 좋아하는 운동은 농구야.

   → My favorite sport is b_____.

2. 공을 던져!   → T_____ the ball!

3. 공을 (발로) 차!   → K_____ the ball!

4. 공을 잡아!   → C_____ the ball!

5. 나는 매일 마라톤을 연습한다.

   → I p_____ a marathon every day.

6. 내가 시합을 이길 수 있을까?

   → Can I W_____ the match?

D 스포츠 중계 방송 시간표를 보고, 알맞은 단어를 골라 쓰세요.

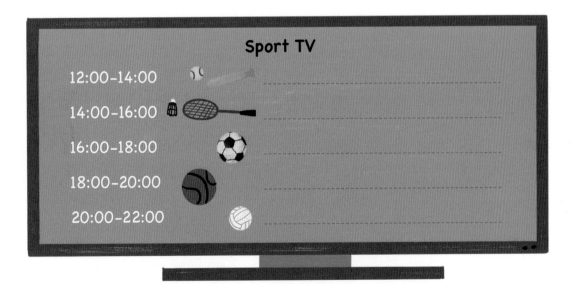

Sport TV

12:00-14:00 _____

14:00-16:00 _____

16:00-18:00 _____

18:00-20:00 _____

20:00-22:00 _____

football   basketball   baseball   volleyball   badminton

food 음식, 식품

vegetable 채소, 야채

carrot 당근

corn 옥수수

pepper 고추

potato 감자 ◀ 복수형은 potatoes

fruit 과일

apple 사과

grape 포도 ◀ 포도 한 알이 grape

peach 복숭아 ◀ 복수형은 peaches

pear 배

strawberry 딸기 ◀ 복수형은 strawberries

watermelon 수박

food

vegetables

peppers

carrots

corns

potatoes

fruits

apples

grapes

peaches

pears

strawberries

watermelon

meat

rice

egg

milk

tea

bread

cookie

candy

salt

sugar

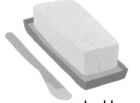
butter

meat 고기

beef 소고기

rice 쌀, 밥

egg 계란

milk 우유

tea 차

bread 빵

cookie 쿠키

candy 사탕

salt 소금

sugar 설탕

butter 버터

문제로 익히기

A 그림이 나타내는 영단어와 우리말 뜻을 알맞게 연결하세요.

1.

candy   쌀, 밥

2.

meat   사탕

3.

carrot   딸기

4.

rice   당근

5.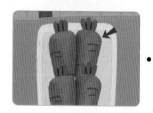

strawberry   고기

B 잘 듣고 해당하는 단어에 동그라미표를 한 다음, 단어의 의미를 쓰세요. ⓝ081

1. food / fruit   ------------------------------

2. meat / milk   ------------------------------

3. salt / sugar   ------------------------------

C 우리말에 맞는 문장이 되도록 알맞은 단어를 고르세요.

1. 이 포도는 맛이 어때?

    → How does this (grape / apple) taste?

2. 이 배는 맛이 어때?

    → How does this (peach / pear) taste?

3. 이 빵은 맛이 어때?

    → How does this (bread / butter) taste?

4. 이 옥수수는 맛이 어때?

    → How does this (corn / egg) taste?

5. 이 쿠키는 맛이 어때?

    → How does this (cookie / tea) taste?

6. 이 감자는 맛이 어때?

    → How does this (potato / sugar) taste?

D 주어진 단어들을 관련 있는 칸에 옮겨 쓰세요.

vegetables	-----------------------------	-----------------------------
	-----------------------------	-----------------------------
fruits	-----------------------------	-----------------------------
	-----------------------------	-----------------------------

| potato | watermelon | carrot | strawberry |
| peach | pear | corn | pepper |

Is it your hat?
이건 네 모자니?

clothes 옷, 의상

pants 바지

belt 허리띠

jeans 청바지

pocket 주머니

skirt 치마

dress 원피스, 드레스

sweater 스웨터

blouse 블라우스

button 단추

underwear 속옷

pajama 잠옷

바지의 다리 한 부분이 pant인데, 바지는 다리 부분이 두 개이므로 pants!

belt

pants

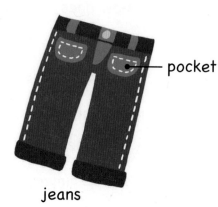

pocket

jeans

skirt

dress

sweater

button

blouse

underwear

pajama

STEP 1 영단어-우리말 듣기 🎧 082

STEP 2 스스로 영단어 읽어 보기

STEP 3 문장 챈트 따라 말하기 🎧 083
A : Is it your _____물건_____ ?
B : Yes, it's my _____물건_____ .
(챈트 스크립트 33쪽 참고)

pair

socks

sneakers

shoes

> 양말도
> 두 짝이
> 한 쌍이므로
> socks!

boots

necklace

ring

> 신발 한 짝은
> a shoe,
> 장화 한 짝은
> a boot!

> hat은 일반적인
> 모자, cap은
> 앞부분에
> 챙이 달린 모자

hat

cap

tie

wear

socks 양말

pair 쌍, 켤레

sneakers 운동화

shoes 신발

boots 부츠, 장화

necklace 목걸이

ring 반지

hat 모자

cap 모자

tie 넥타이, 묶다

wear 입다

new 새것의

size 크기, 치수

A 그림이 나타내는 영단어와 우리말 뜻을 알맞게 연결하세요.

1.  • • belt • • 치마

2.  • • cap • • 모자

3.  • • pajama • • 허리띠

4.  • • pocket • • 주머니

5.  • • skirt • • 잠옷

B 잘 듣고 해당하는 단어에 동그라미표를 한 다음, 단어의 의미를 쓰세요. ◎ 084

1. wear / underwear _____

2. pair / pocket _____

3. new / size _____

C 우리말에 맞는 문장이 되도록 알맞은 단어를 쓰세요.

1. 이것이 네 장화 한 짝이니? → Is it your b _____ ?

2. 이것이 네 단추니? → Is it your b _____ ?

3. 이것이 네 반지니? → Is it your r _____ ?

4. 이것이 네 스웨터니? → Is it your s _____ ?

5. 이것이 네 블라우스니? → Is it your b _____ ?

6. 이것이 네 목걸이니? → Is it your n _____ ?

D 세미가 옷을 입는 순서에 맞게 빈칸에 알맞은 단어를 쓰세요.

1. Semi wears her _____.

2. Semi wears her _____.

3. Semi wears her _____.

4. Semi wears her _____.

5. Semi wears her _____.

hat

pants

sweater

sneakers

socks

I want to be a singer.

나는 가수가 되고 싶어.

직업을 나타내는 단어들

job 직업

act 연기하다

actor 배우

> actor는 성별에 상관없이 배우라는 뜻이에요.

actress 여배우

chef 요리사

scientist 과학자

police officer 경찰

firefighter 소방관

sing 노래하다

singer 가수

entertainer 연예인

model 모델

become ～이 되다

> become a singer 가수가 되다

act
actor
actress

chef

scientist

police officer

firefighter

sing / singer

entertainer

model

STEP 1 영단어-우리말 듣기 🔊 085

STEP 2 스스로 영단어 읽어 보기

STEP 3 문장 챈트 따라 말하기 🔊 086

I want to be a(n) ___직업___.

(챈트 스크립트 34쪽 참고)

doctor

nurse

dentist

vet

lawyer

president

king

queen

prince

princess

doctor 의사

nurse 간호사

dentist 치과 의사

vet 수의사

lawyer 변호사

president 대통령

king 왕

queen 여왕

prince 왕자

princess 공주

hope 바라다

wish 원하다

A 그림이 나타내는 영단어와 우리말 뜻을 알맞게 연결하세요.

1.

   • • nurse • • 소방관

2.

   • • singer • • 과학자

3.

   • • firefighter • • 간호사

4.

   • • vet • • 수의사

5.

   • • scientist • • 가수

B 잘 듣고 해당하는 단어에 동그라미표를 한 다음, 단어의 의미를 쓰세요. ⓝ 087

1. become / wish _____

2. job / vet _____

3. entertainer / singer _____

C 우리말에 맞는 문장이 되도록 알맞은 단어를 고르세요.

1. 넌 배우가 되고 싶니? → Do you want to be an (actor / entertainer)?

2. 난 수의사가 되고 싶어. → I want to be a (vet / king).

3. 나는 소방관이 되고 싶어. → I want to be a (firefighter / police officer).

4. 나는 요리사가 되고 싶어. → I hope to be a (chef / queen).

5. 나는 그 직업을 갖고 싶어. → I wish to have that (job / sing).

6. 나는 대통령이 되고 싶어. → I hope to be the (president / actress).

D 우리말 뜻에 해당하는 영단어를 쓰고, 퍼즐에서 찾아 동그라미 하세요.

```
H F I C D F X G U M
O O D Q O J T D B A
F Y P M C O N M P S
D U J E T O S R B T
B E Q L O P I Z V A
N F N L R N S B Z C
Z W A T C M O D E L
E W C E I Z I L I D
L S T F P S S Z B F
U K B P T L T J P C
```

1. 연기하다 a_____

2. 의사 d_____

3. 치과의사 d_____

4. 바라다 h_____

5. 모델 m_____

6. 왕자 p_____

traffic 교통, 차량들

car 자동차

drive 운전하다   drive a car 차를 운전하다

subway 지하철

train 기차

airplane 비행기

fly 날다

airport 공항

boat 배, 보트

ship 배

ride (교통수단을) 타다

fast 빠른

quick 빠른

slow 느린

slowly 느리게

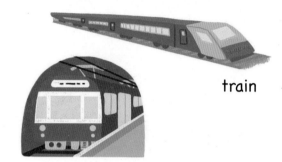

car

subway

train

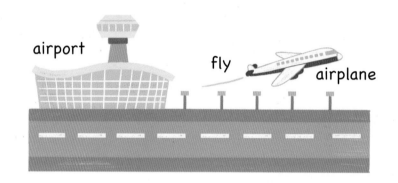

airport

fly

airplane

ship

ride

boat

fast / quick

slow

STEP 1 영단어-우리말 듣기 🎧 088

STEP 2 스스로 영단어 읽어 보기

STEP 3 문장 챈트 따라 말하기 🎧 089

A(n) _____교통수단_____ is faster than
a(n) _____교통수단_____ .

(챈트 스크립트 35쪽 참고)

dangerous

hurt

accident

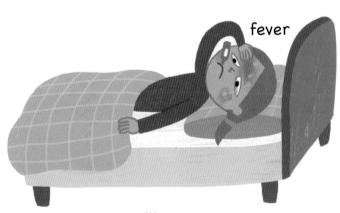

fever

ill

stomachache

headache

toothache

dangerous 위험한

accident 사고

hurt 다친, 아프다

fever 열

ill 아픈

pain 통증

stomachache 복통

신체부위 + ache(아픔)

headache 두통

toothache 치통

well 잘, 좋게

A 그림이 나타내는 영단어와 우리말 뜻을 알맞게 연결하세요.

1.

train • • 기차

2.

stomachache • • 치통

3.

headache • • 열

4.

toothache • • 복통

5.

fever • • 두통

B 잘 듣고 해당하는 단어에 동그라미표를 한 다음, 단어의 의미를 쓰세요. ⓝ 090

1. fly / fast _____

2. slow / slowly _____

3. well / ill _____

C

우리말에 맞는 문장이 되도록 알맞은 단어를 쓰세요.

1. 비행기가 난다.

   → An a _____ flies.

2. 비행기는 자동차보다 빠르다.

   → An airplane is f _____ er than a car.

3. 아빠는 자동차를 운전하신다.

   → My father d _____ s a car.

4. 배는 보트보다 크다.

   → A ship is bigger than a b _____ .

5. 보트는 배보다 더 위험하다.

   → A boat is more d _____ than a ship.

6. 지하철은 기차보다 느리다.

   → A s _____ is slower than a train.

D

각 장소에 어울리는 단어를 골라 쓰세요.

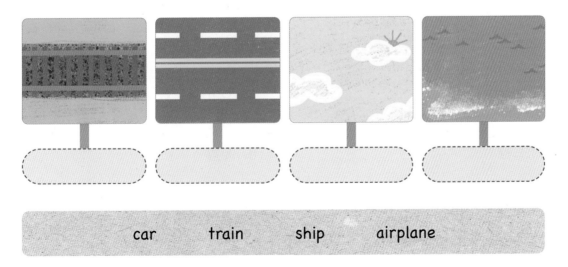

car   train   ship   airplane

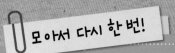

종합 테스트 (Day 26~30)

 A 다음 단어의 우리말 뜻을 쓰세요.

1. baseball
7. volleyball

2. beef
8. corn

3. button
9. wear

4. become
10. vet

5. airport
11. dangerous

6. marathon
12. fruit

B 다음 우리말 뜻에 맞는 영단어를 쓰세요.

1. 연습하다
7. 잡다

2. 설탕
8. 채소, 야채

3. 새것의
9. 잠옷

4. 간호사
10. 요리사

5. 느린
11. 두통

6. 바지
12. 연예인

C 그림을 보고 알맞은 단어에 동그라미 하세요.

1.  My favorite sport is (badminton / tennis).

2.  A: How does this (peach / pear) taste?
   B: Yummy!

3.  A: Is it your sweater?
   B: No, it's my (blouse / dress).

4.  A: Do you want to be a model?
   B: No, I hope to be an (chef / actress).

D 빈칸에 알맞은 단어를 써넣어 문장을 완성하세요.

1. I practice ＿＿＿＿＿＿＿ and bowling every day. 나는 탁구와 볼링을 매일 연습한다.

2. This ＿＿＿＿＿＿＿ is so yummy! 이 빵은 정말 맛있다!

3. Is it your ＿＿＿＿＿＿＿? 이것은 네 반지니?

4. I hope to be the ＿＿＿＿＿＿＿. 나는 대통령이 되고 싶어.

5. A train is faster than a ＿＿＿＿＿＿＿. 기차는 지하철보다 빠르다.

6. I wish to have that ＿＿＿＿＿＿＿. 나는 그 직업을 갖고 싶다.

ring   bread   subway   ping pong   job   president

DAY 31 Let's go to the park!
공원에 가자!

neighborhood
근처, 이웃

bank 은행

bridge 다리

farm 농장

park 공원

office 사무실

museum 박물관

hospital 병원

church 교회

post office 우체국

seaside 해변

town 시내, 번화가

country 국가

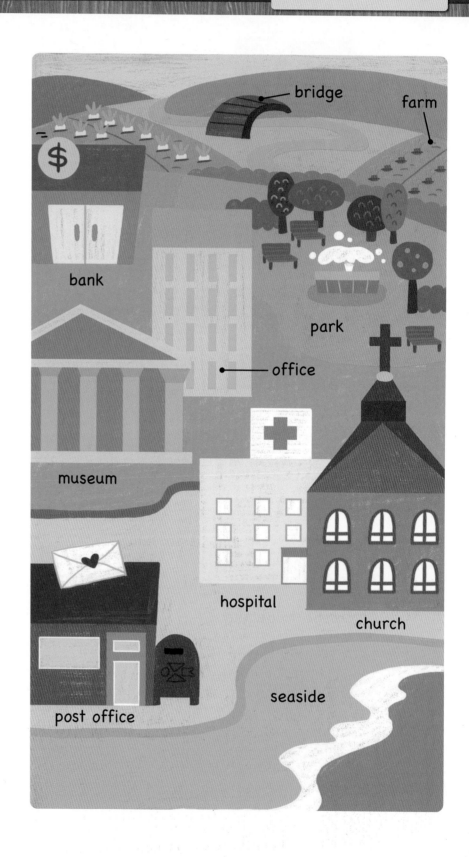

bridge

farm

bank

park

office

museum

hospital

church

post office

seaside

department store 백화점

stadium 경기장

theater 극장

shop 상점, 가게

station 역

beauty shop 미용실

restaurant 식당, 레스토랑

cafe 카페

city hall 시청

market 시장

address 주소

place 장소

A 그림이 나타내는 영단어와 우리말 뜻을 알맞게 연결하세요.

1.  • • post office • • 다리

2.  • • stadium • • 공원

3.  • • bank • • 은행

4.  • • park • • 우체국

5.  • • bridge • • 경기장

B 잘 듣고 해당하는 단어에 동그라미표를 한 다음, 단어의 의미를 쓰세요. ⓝ093

1. address / place _____

2. station / stadium _____

3. neighborhood / restaurant _____

C 우리말에 맞는 문장이 되도록 알맞은 단어를 고르세요.

1. 은행에서 만나자. → Let's meet at the (bank / office).

2. 백화점에 가자. → Let's go to the (city hall / department store).

3. 병원에서 만나자. → Let's meet at the (hospital / restaurant).

4. 극장에 가자. → Let's go to the (theater / museum).

5. 카페에서 만나자. → Let's meet at the (stadium / cafe).

6. 시장에 가자. → Let's go to the (town / market).

D 세미네 마을 지도를 보고, 알맞은 단어를 골라 쓰세요.

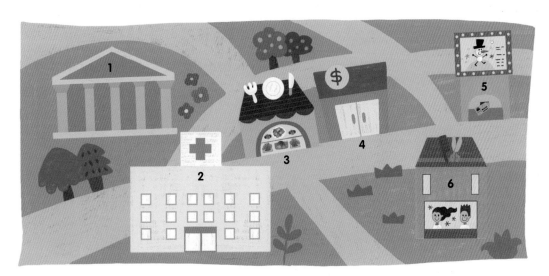

1. _____   2. _____   3. _____

4. _____   5. _____   6. _____

bank	museum	restaurant
theater	hospital	beauty shop

DAY 32 Do you like blue?
넌 파란색을 좋아하니?

color 색깔

black 검은색

blue 파란색

brown 갈색

gold 금색

gray 회색

green 초록색

white 흰색

yellow 노란색

pink 분홍색

purple 보라색

red 빨간색

dark 어두운

deep 깊은, 짙은

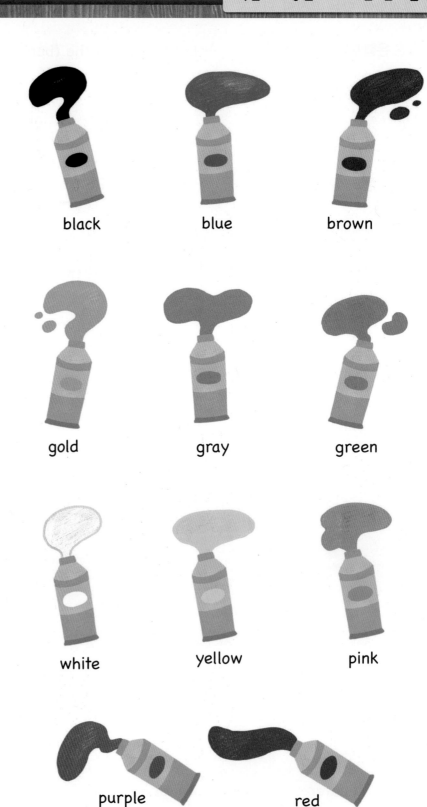

black   blue   brown

gold   gray   green

white   yellow   pink

purple   red

circle / round

square

rectangle

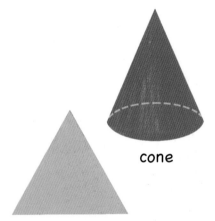
cone

triangle

broad

better

worse

shape 모양, 형태

circle 원, 동그라미

round 둥근 모양, 둥근

square 정사각형

rectangle 직사각형

triangle 삼각형

cone 원뿔

broad 넓은

better 더 좋은

worse 더 나쁜

A 그림이 나타내는 영단어와 우리말 뜻을 알맞게 연결하세요.

1.  · · square · · 정사각형

2.  · · brown · · 검은색

3.  · · cone · · 갈색

4.  · · black · · 파란색

5.  · · blue · · 원뿔

B 잘 듣고 해당하는 단어에 동그라미표를 한 다음, 단어의 의미를 쓰세요. ● 096

1. dark / deep   ------------------------

2. better / worse   ------------------------

3. round / broad   ------------------------

C 우리말에 맞는 문장이 되도록 알맞은 단어를 쓰세요.

1. 너 흰색 좋아해?　　　　　　→ Do you like w＿＿＿＿＿＿＿＿＿＿?

2. 너 노란색 좋아해?　　　　　　→ Do you like y＿＿＿＿＿＿＿＿＿＿?

3. 너 보라색 좋아해?　　　　　　→ Do you like p＿＿＿＿＿＿＿＿＿＿?

4. 이것은 검은색 직사각형이야?　→ Is this a black r＿＿＿＿＿＿＿＿?

5. 이것은 분홍색 원이야?　　　　→ Is this a pink c＿＿＿＿＿＿＿＿＿?

6. 이것은 빨간색 원뿔이야?　　　→ Is this a red c＿＿＿＿＿＿＿＿＿?

D 방에 있는 물건들의 모양을 보고, 알맞은 단어를 골라 쓰세요.

1. ＿＿＿＿＿＿＿　　2. ＿＿＿＿＿＿＿　　3. ＿＿＿＿＿＿＿

4. ＿＿＿＿＿＿＿　　5. ＿＿＿＿＿＿＿

| triangle | round | cone | rectangle | square |

How are you?
어떻게 지내니?

다양한 인사말

Hello! 안녕!
(누군가를 만났을 때)

Hi! 안녕!

hi는 좀 더 편한
사이에서 하는 인사

Good afternoon!
(오후 인사) 안녕!

Hey! 이봐!
(남을 부를 때)

Fine! 좋아!

Welcome! 환영해!

Nice to meet you.
만나서 반가워.

Bye! 안녕! (헤어질 때)

See you again.
또 봐.

Yes. 네./응./그래.

No. 아니(요).

STEP 1 영단어-우리말 듣기 🔊 097

STEP 2 스스로 영단어 읽어 보기

STEP 3 문장 챈트 따라 말하기 🔊 098
A : How are you?
B : ＿＿＿＿＿＿ 인사말 ＿＿＿＿＿＿ !
(챈트 스크립트 39쪽 참고)

OK는 Okay의 줄임말 ▶

Sorry! 미안해(요)!

Excuse me.
실례합니다.

Okay. / OK.
네. / 응. / 좋아.

Please! 제발!
(남에게 정중하게 부탁할 때)

Thank you.
고마워.

introduce
소개하다

before 전에, 앞에

after 뒤에, 후에

matter 문제, 일

sure 확신하는

let ~하게 놓아두다

will ~할 것이다

introduce   before   after

문제로 익히기

A 그림이 나타내는 영단어와 우리말 뜻을 알맞게 연결하세요.

1.

· Nice to
meet you. ·

· 소개하다

2.

· Bye! ·

· 안녕!
(헤어질 때)

3.

· Sorry! ·

· 뒤에, 후에

4.

· after ·

· 미안해!

5.

· introduce ·

· 만나서
반가워.

B 잘 듣고 해당하는 단어에 동그라미표를 한 다음, 단어의 의미를 쓰세요. ⊕099

1. bye / fine   ------------------------------

2. hey / hi   ------------------------------

3. will / meet   ------------------------------

152

C 우리말에 맞는 문장이 되도록 알맞은 단어를 고르세요.

1. 난 잘 지내. → I'm (fine / nice).

2. 만나서 반가워. → (Nice / Thank) to meet you.

3. 난 좋아. → I'm (sorry / OK).

4. 실례합니다. → (Let / Excuse) me.

5. 미안해요. → I'm (sorry / welcome).

6. 또 봐. → See you (matter / again).

D 세미와 친구들의 대화를 보고, 알맞은 단어를 골라 쓰세요.

1. _____ Hi
   안녕!

   _____!
   안녕!

2. Help me, _____!
   날 좀 도와줘, 제발!

   _____!
   좋아!

3. _____ you.
   고마워.

   You're welcome!
   천만에!

| Okay | please | Thank | Hello |

way 길

road 도로, 길

street 거리, 도로

east 동쪽

west 서쪽

south 남쪽

north 북쪽

here 여기에

left 왼쪽

right 오른쪽

understand
이해하다

anyway 어쨌든

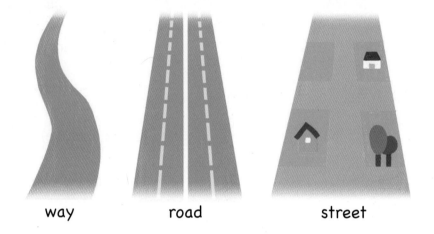

way   road   street

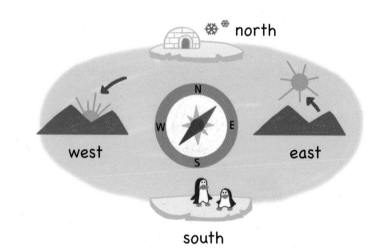

north

west   east

south

left   right

here

STEP 1 영단어-우리말 듣기 🎧 100

STEP 2 스스로 영단어 읽어 보기

STEP 3 문장 챈트 따라 말하기 🎧 101

Go _____방향_____.
Turn _____방향_____.

(챈트 스크립트 40쪽 참고)

far / away

near

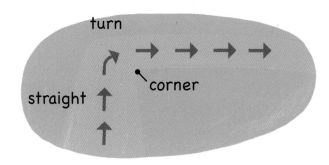

turn

corner

straight

turn right
오른쪽으로 돌다

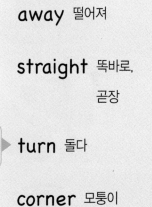

next

front

side

map

hurry

pass

near 가까이, 가까운

far 멀리

away 떨어져

straight 똑바로, 곧장

turn 돌다

corner 모퉁이

front 앞쪽

side 옆, 측면

next 다음의, 옆의

map 지도

hurry 서두르다

pass 지나가다, 통과하다

A 그림이 나타내는 영단어와 우리말 뜻을 알맞게 연결하세요.

1.    • front •   • 통과하다

2.    • side •   • 앞쪽

3.    • pass •   • 옆, 측면

4.    • hurry •   • 지도

5.    • map •   • 서두르다

B 잘 듣고 해당하는 단어에 동그라미표를 한 다음, 단어의 의미를 쓰세요. ⓝ 102

1. anyway / away   _____

2. next / north   _____

3. near / way   _____

C 우리말에 맞는 문장이 되도록 알맞은 단어를 쓰세요.

1. 거기는 여기서 멀어.

→ It's f_____ from here.

2. 곧장 가.

→ Go s_____.

3. 왼쪽으로 돌아.

→ T_____ left.

4. 모퉁이에서 오른쪽으로 돌아.

→ Turn r_____ at the corner.

5. 서쪽으로 가.

→ Go w_____.

6. 모퉁이에 가게가 있어.

→ There is a store on the c_____.

D 지도를 보고, 빈칸에 알맞은 단어를 골라 쓰세요.

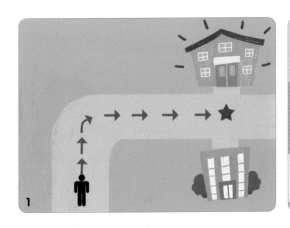 

1. Go _____. And turn _____ at the corner.

   It's on your _____.

2. Go _____. And turn _____ at the corner.

   It's _____ to the gym.

| straight | east | left | right | left | next |

I'm able to run fast.
나는 빨리 달릴 수 있어.

stand 서다

walk 걷다

run 달리다

come 오다

sit 앉다, 앉히다

seat 자리, 좌석

up 위로

down 아래로

drop 떨어뜨리다

pull 당기다

push 밀다

cut 자르다

> stand up
> (위로) 서다
> sit down
> (아래로) 앉다

stand

walk

run

come

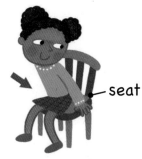
seat

sit

up

down

drop

pull

push

cut

158

see

touch

move

smell

think

bend

start

stop

fill

say / tell

speak

see 보다

touch 만지다

move 움직이다

smell 냄새를 맡다

think 생각하다

start 시작하다

bend 몸을 굽히다

stop 멈추다

fill 채우다

say 말하다

tell 말하다

speak 말하다

speech 연설

A 그림이 나타내는 영단어와 우리말 뜻을 알맞게 연결하세요.

1.  • • down • • 아래로

2.  • • up • • 위로

3.  • • stand • • 서다

4.  • • cut • • 만지다

5.  • • touch • • 자르다

B 잘 듣고 해당하는 단어에 동그라미표를 한 다음, 단어의 의미를 쓰세요. ⓝ 105

1. stop / start   ----------------------------------

2. speak / speech   ----------------------------------

3. move / come   ----------------------------------

C 우리말에 맞는 문장이 되도록 알맞은 단어를 고르세요.

1. 나는 빨리 뛸 수 있어. → I'm able to (walk / run) fast.

2. 나는 영어를 말할 수 있어. → I'm able to (speak / smell) English.

3. 나는 그것을 냄새 맡을 수 있어. → I'm able to (drop / smell) it.

4. 나는 그것을 밀 수 있어. → I'm able to (push / pull) it.

5. 나는 그것을 볼 수 있어. → I'm able to (see / sit) it.

6. 나는 그것을 만질 수 있어. → I'm able to (touch / fill) it.

D 아이들의 행동을 보고, 빈칸에 알맞은 단어를 골라 쓰세요.

1.  He ＿＿＿＿＿＿＿s the cup.

2.  She ＿＿＿＿＿＿＿s the flowers.

3.  She ＿＿＿＿＿＿＿s the apple.

4.  She ＿＿＿＿＿＿＿s around the park.

| run | drop | cut | smell |

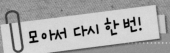

 A 다음 단어의 우리말 뜻을 쓰세요.

1. address _____

2. color _____

3. before _____

4. corner _____

5. come _____

6. restaurant _____

7. bridge _____

8. shape _____

9. stop _____

10. straight _____

11. say _____

12. better _____

B 다음 우리말 뜻에 맞는 영단어를 쓰세요.

1. 박물관 _____

2. 어두운 _____

3. 뒤에, 후에 _____

4. 돌다 _____

5. 당기다 _____

6. 서두르다 _____

7. 사무실 _____

8. 깊은 _____

9. 소개하다 _____

10. 지도 _____

11. 움직이다 _____

12. 장소 _____

C 그림을 보고 알맞은 단어에 동그라미 하세요.

1.
   A: Let's go to the (park / church) in this neighborhood.
   B: Good idea! Let's meet at the bank.

2.
   A: Do you like purple?
   B: No, I don't like it. I like (green / gray).

3.
   A: How are you?
   B: I'm (hey / fine).

4.
   Turn (left / right) at the corner.

D 빈칸에 알맞은 단어를 써넣어 문장을 완성하세요.

1. Let's go to the _____ in this neighborhood.   이 근처에 있는 극장에 가자.

2. Is this a black _____?   이것은 검은색 직사각형이니?

3. _____ to meet you.   만나서 반가워.

4. Go up the _____.   길을 따라 올라가세요.

5. I'm able to _____ it.   나는 그것을 이해할 수 있어.

6. I'm able to _____ it.   나는 그것을 멈출 수 있어.

street   rectangle   stop   theater   understand   nice

in ~안에

on ~위에

into ~안으로

out ~밖으로

inside ~안쪽에

outside 바깥에

over ~위에

under ~아래에

at ~에

because ~때문에

but 그러나

or 또는, 혹은

so 그래서

> on은 표면에 닿은 상태에서의 '위', over는 표면에 닿지 않은 상태에서의 '위'!

in

on

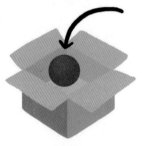

into

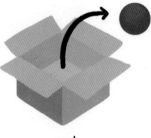

out

inside

outside

over

under

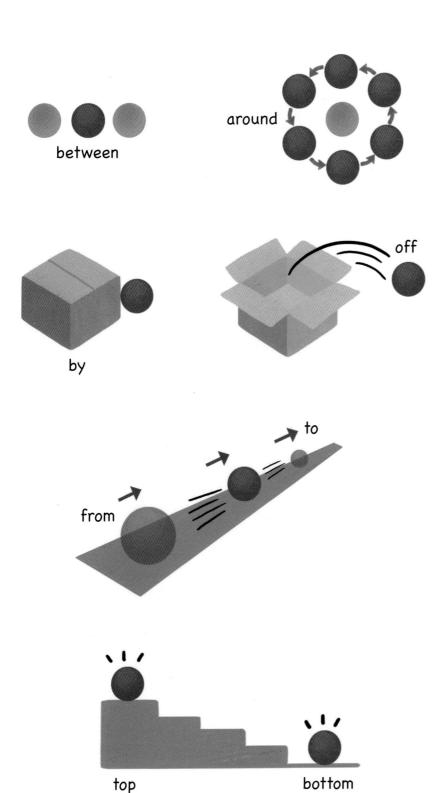

between

around

by

off

to

from

top

bottom

between	~ 사이에
around	주위에
by	~ 옆에
off	(공간상으로) 멀리
from	~부터
to	~로, ~쪽으로
top	맨 위, 꼭대기
bottom	맨 아래
there	거기에
for	~을 위해
too	~도 또한
if	만약에 ~라면
maybe	아마, 어쩌면

A 그림이 나타내는 영단어와 우리말 뜻을 알맞게 연결하세요.

1. 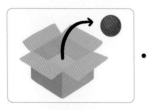 • • between • • ~ 안으로

2. 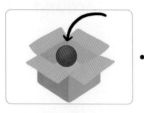 • • by • • ~ 밖으로

3.  • • on • • ~ 옆에

4.  • • into • • ~ 사이에

5.  • • out • • ~ 위에

B 잘 듣고 해당하는 단어에 동그라미표를 한 다음, 단어의 의미를 쓰세요. ⓞ 108

1. outside / inside   ----------------------------

2. or / so   ----------------------------

3. if / but   ----------------------------

C 우리말에 맞는 문장이 되도록 알맞은 단어를 쓰세요.

1. 그 가게는 역 옆에 있어.

   → The store is b_____ the station.

2. 그 가게는 도시에서 멀리 있어.

   → The store is o_____ the city.

3. 그 가게는 건물들 사이에 있어.

   → The store is b_____ the buildings.

4. 책은 책상 아래에 있어.

   → The book is u_____ the desk.

5. 무지개는 다리 위에 있어.

   → The rainbow is o_____ the bridge.

6. 무지개는 꼭대기에서 바닥으로 이동해.

   → The rainbow moves from the t_____
   to the bottom.

D 세미의 그림일기를 보고, 빈칸에 알맞은 단어를 골라 쓰세요.

1. I want to go to the theater, _____ I can't go.
   나는 극장에 가고 싶지만 갈 수 없다.

2. _____ I have homework. 왜냐하면 나는 숙제가 있기 때문이다.

3. _____ I will stay home and do homework.
   그래서 나는 집에 머물러서 숙제를 할 것이다.

4. _____ I will go to the theater tomorrow.
   아마도 내일은 극장에 갈 것이다.

Maybe

but

So

Because

Anything will be OK.

어떤 것이든 괜찮을 거야.

this 이것

that 저것

> this는 가까이 있는 것을, that은 멀리 있는 것을 가리켜요.

these 이것들

those 저것들

> this/that은 하나일 때, these/those는 여러 개일 때!

most 대부분

all 모든

> all은 집단이나 범위 전체를, every는 대상 하나하나를 말해요!

every 모든

everyone 모든 사람

some 조금, 일부의

something 어떤 것, 무엇

any 어느, 어떤

anything 아무것, 무엇이든

nothing 아무것도 ~ 아니다

that

this

those

these

all / every / everyone

most

168

few

many

enough

much

much는 셀 수 없는 것의 양이 많을 때 사용! much water 많은 물

both / same

different

few (수가) 적은

many (수가) 많은

enough 충분한

much (양이) 많은

both 둘 다

same 같은

different 다른

other 다른,
다른 것(사람)

another 또 하나의

almost 거의

it 그것

not ~아니다, ~않다

A 그림이 나타내는 영단어와 우리말 뜻을 알맞게 연결하세요.

1.

·

· this ·

· 저것

2.

·

· that ·

· 이것

3.

·

· these ·

· 같은

4.

·

· same ·

· 다른

5.

·

· different ·

· 이것들

B 잘 듣고 해당하는 단어에 동그라미표를 한 다음, 단어의 의미를 쓰세요. ⓜ 111

1. all / any ------------------------------

2. other / another ------------------------------

3. some / same ------------------------------

C 우리말에 맞는 문장이 되도록 알맞은 단어를 고르세요.

1. 어떤 것이든 괜찮을 거야. → (Anything / Everything) will be OK.

2. 모든 것이 괜찮을 거야. → (Something / Everything) will be OK.

3. 모두가 괜찮을 거야. → (Everyone / Nothing) will be OK.

4. 그들의 대부분은 괜찮을 거야. → (Some / Most) of them will be OK.

5. 아무것도 괜찮지 않을 거야. → (Nothing / These) will be OK.

6. 다른 것들은 괜찮을 거야. → (Other / Another) things will be OK.

D 단어를 넣어서 퍼즐을 완성하세요.

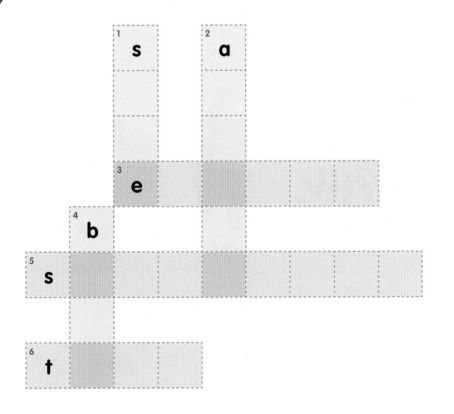

가로

3. 충분한
5. 어떤 것, 무엇
6. 이것

세로

1. 같은
2. 거의
4. 둘 다

animal 동물

zoo 동물원

tiger 호랑이

lion 사자

elephant 코끼리

bear 곰

giraffe 기린

zebra 얼룩말

deer 사슴 ◀ 복수형은 deer

horse 말

sheep 양 ◀ 복수형은 sheep

lamb 어린 양

dolphin 돌고래

zoo

tiger

lion

elephant

bear

giraffe

zebra

deer

horse

sheep

lamb

dolphin

STEP 1 영단어-우리말 듣기 🎧 112

STEP 2 스스로 영단어 읽어 보기

STEP 3 문장 챈트 따라 말하기 🎧 113

How about going to the
_____장소_____?
(챈트 스크립트 45쪽 참고)

wolf 늑대

복수형은 wolves

fox 여우

goat 염소

cow 암소, 젖소

pig 돼지

hen 암탉

duck 오리

mouse 쥐

복수형은 mice

snake 뱀

bat 박쥐

bee 벌

ant 개미

wolf

fox

goat

cow

pig

hen

duck

mouse

snake

bat

bee

ant

A 그림이 나타내는 영단어와 우리말 뜻을 알맞게 연결하세요.

1.  ·　　　· fox ·　　　· 여우

2.  ·　　　· sheep ·　　　· 양

3.  ·　　　· mouse ·　　　· 오리

4.  ·　　　· goat ·　　　· 쥐

5.  ·　　　· duck ·　　　· 염소

B 잘 듣고 해당하는 단어에 동그라미표를 한 다음, 단어의 의미를 쓰세요. ⓐ 114

1. deer / bear ---------------------------------

2. ant / bat ---------------------------------

3. bee / zoo ---------------------------------

C 우리말에 맞는 문장이 되도록 알맞은 단어를 쓰세요.

1. 동물원에 갈래? → How about going to the z_____?

2. 동물 보러 갈래? → How about going to see a_____s?

3. 돌고래 보러 갈래? → How about going to see a d_____?

4. 기린 보러 갈래? → How about going to see a g_____?

5. 사자 보러 갈래? → How about going to see a l_____?

6. 뱀 보러 갈래? → How about going to see a s_____?

D 동물원 지도를 보고, 알맞은 단어를 골라 쓰세요.

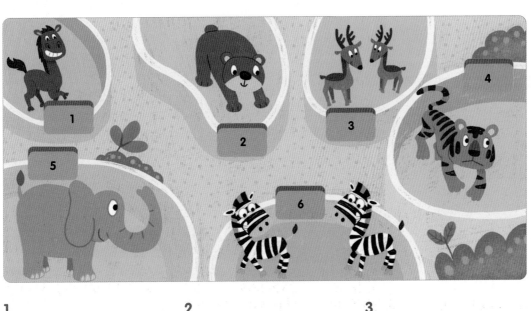

1. _____ 2. _____ 3. _____

4. _____ 5. _____ 6. _____

elephant   zebra   tiger   deer   bear   horse

First, buy it! Then pay for it!
우선 그것을 사! 그다음 계산을 해!

쇼핑과 관련된 단어들

buy 사다

sell 팔다

money 돈

price 값, 가격

cheap (값이) 싼

expensive 비싼

count 계산하다

pay 지불하다, 계산하다

> 여기서 '계산하다' 뜻은 count처럼 수를 헤아리는 게 아니라 돈을 내는 거예요.

dollar 달러

coin 동전

spend (비용·시간을) 쓰다

cost 값, 비용, (값·비용이) 들다

buy   money   sell

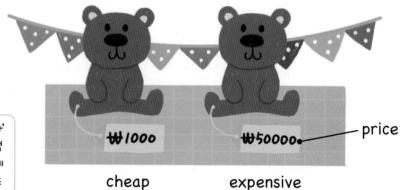

₩1000   ₩50000 — price

cheap   expensive

count   pay   dollar   coin

STEP 1 영단어-우리말 듣기 🎧 115

STEP 2 스스로 영단어 읽어 보기

STEP 3 문장 챈트 따라 말하기 🎧 116
First, ___물건 살 때의 동작___ it!
Then ___물건 살 때의 동작___ it!
(챈트 스크립트 46쪽 참고)

allowance

save

waste

poor

rich

wallet

plastic bag

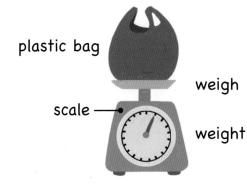

weigh

scale

weight

show

line

allowance 용돈

save 저축하다,
          절약하다

waste 낭비하다

poor 가난한

rich 부유한

wallet 지갑

plastic bag
비닐봉지

weigh 무게를 달다

weight 무게

scale 저울

show 보여 주다

line 줄

more 더 많은

weigh의 명사형은
weight

A 그림이 나타내는 영단어와 우리말 뜻을 알맞게 연결하세요.

1.  • • allowance • • 동전

2.  • • plastic bag • • 부유한

3.  • • rich • • 용돈

4.  • • coin • • 비닐봉지

5.  • • wallet • • 지갑

B 잘 듣고 해당하는 단어에 동그라미표를 한 다음, 단어의 의미를 쓰세요. ⓪117

1. buy / pay   -------------------------------

2. dollar / more   -------------------------------

3. save / poor   -------------------------------

C 우리말에 맞는 문장이 되도록 알맞은 단어를 고르세요.

1. 우선, 그것을 사!   → First, (buy / pay) it!

2. 우선, 그것을 계산해!   → First, (coin / count) it!

3. 우선, 그것의 무게를 달아!   → First, (weigh / weight) it!

4. 우선, 줄을 세!   → First, stand in (line / cost)!

5. 그것은 비싸.   → That's (expensive / spend).

6. 그것은 싸.   → That's (more / cheap).

D 마트에 있는 사람들의 행동을 보고, 관련된 단어를 골라 쓰세요.

1. _____   2. _____

3. _____   4. _____

sell   count   line   weigh

What a beautiful world it is!

세상은 너무 아름다워!

nature 자연

earth 지구, 땅, 흙 → '지구'일 때는 Earth

moon 달

star 별

world 세계, 세상

land 땅, 육지

ocean 대양, 바다 → ocean이 sea보다 더 넓은 바다

sea 바다

lake 호수

river 강

wide 넓은

mountain 산

hill 언덕

field 들판, 밭

air 공기

Earth

moon

star

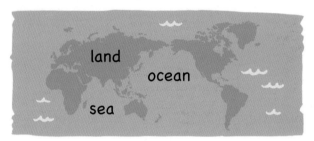

land
ocean
sea

world

lake

river

mountain

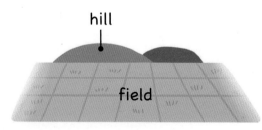

hill

field

STEP 1 영단어-우리말 듣기 🎧 118

STEP 2 스스로 영단어 읽어 보기

STEP 3 문장 챈트 따라 말하기 🎧 119

What a beautiful _____자연, 대상_____
it is!

(챈트 스크립트 47쪽 참고)

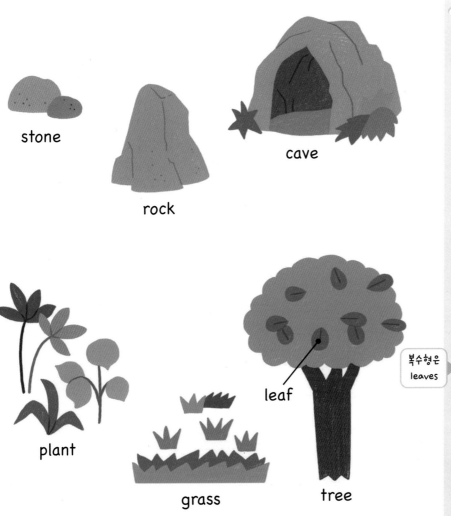

stone

rock

cave

leaf

plant

grass

tree

복수형은
leaves

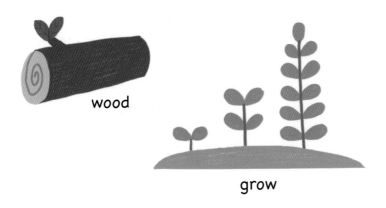

wood

grow

stone 돌

rock 바위

cave 동굴

plant 식물

grass 잔디, 풀

tree 나무

leaf 나뭇잎

wood 나무, 목재

grow 자라다

문제로 익히기

A 그림이 나타내는 영단어와 우리말 뜻을 알맞게 연결하세요.

1.  • • wood • • 호수

2.  • • grow • • 동굴

3. 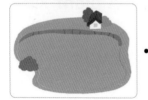 • • cave • • 자라다

4.  • • Earth • • 지구

5.  • • lake • • 나무, 목재

B 잘 듣고 해당하는 단어에 동그라미표를 한 다음, 단어의 의미를 쓰세요. ⓝ 120

1. around / world _____

2. field / world _____

3. wood / plant _____

C 우리말에 맞는 문장이 되도록 알맞은 단어를 쓰세요.

1. 세상은 너무 아름다워! → What a beautiful w_____ it is!

2. 잔디가 너무 아름다워! → What beautiful g_____es they are!

3. 달이 무척 멋져! → What a great m_____ it is!

4. 별이 무척 밝아! → What a bright s_____ it is!

5. 산이 엄청 높아! → How high the m_____ is!

6. 자연은 정말 멋져! → How great n_____ is!

D 공원 풍경을 보고, 빈칸에 알맞은 단어를 골라 쓰세요.

1. _____ 2. _____ 3. _____

4. _____ 5. _____

| stone | lake | tree | grass | rock |

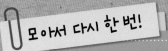

A 다음 단어의 우리말 뜻을 쓰세요.

1. between _____

2. almost _____

3. bat _____

4. buy _____

5. expensive _____

6. top _____

7. outside _____

8. enough _____

9. bee _____

10. sell _____

11. spend _____

12. same _____

B 다음 우리말 뜻에 맞는 영단어를 쓰세요.

1. 왜냐하면 _____

2. (양이) 많은 _____

3. 여우 _____

4. 부유한 _____

5. 지구 _____

6. 말 _____

7. 또는, 혹은 _____

8. 충분한 _____

9. 늑대 _____

10. 가난한 _____

11. 달 _____

12. 들판 _____

C 그림을 보고 알맞은 단어에 동그라미 하세요.

1.

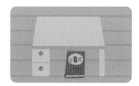

The book is (under / far) the desk.

2.

(Both / Other) of them will be OK.

3.

A: How about going to see the (sheep / snake)?
B: Good!

4.

A: How can you buy a thing in the market?
B: First, (weigh / sell) it. Then buy it!

D 빈칸에 알맞은 단어를 써넣어 문장을 완성하세요.

1. The store is ＿＿＿＿＿＿＿＿＿ the building. 그 가게는 건물 안에 있어.

2. ＿＿＿＿＿＿＿＿＿ will be OK. 모두가 괜찮을 거야.

3. How about going to see a ＿＿＿＿＿＿＿＿＿? 사슴 보래 갈래?

4. First, stand in ＿＿＿＿＿＿＿＿＿. 우선 줄을 서.

5. What a beautiful ＿＿＿＿＿＿＿＿＿ it is! 별이 정말 아름다워!

6. How great ＿＿＿＿＿＿＿＿＿ is! 자연은 정말 대단해!

star	inside	nature	Everyone	deer	line

챈트로 익힌
회화 표현이야!

DAY	회화 표현	우리말 뜻
1	A : **How are you today?** B : **I'm** happy.	A : 오늘 어떤가요? B : 나는 행복해요.
2	**This is my** nose. **These are my** eyes.	이것은 나의 코예요. 이것들은 나의 눈이에요.
3	A : **Who is he?** B : **He is my** uncle.	A : 그는 누구예요? B : 그는 나의 삼촌이에요.
4	**My name is** Mike.	내 이름은 마이크예요.
5	A : **How does Ann look?** B : **She is** beautiful.	A : 앤은 어떻게 생겼나요? B : 그녀는 아름다워요.
6	A : **Is Kate** polite? B : **Yes, she's** polite.	A : 케이트는 예의 바른가요? B : 네, 그녀는 예의 발라요.
7	I don't hate **my friends.**	나는 내 친구들을 미워하지 않아요.
8	**My hobby is** dancing.	내 취미는 춤추기예요.
9	**There is** a bed **in my bedroom.**	내 침실에는 침대가 하나 있어요.
10	**It's my** pet. **I pat it.**	이것은 나의 반려동물이에요. 나는 그것을 쓰다듬어요.
11	**I like to play with** a ball.	나는 공을 가지고 노는 것을 좋아해요.
12	**There is** a calendar **in the living room.**	거실에는 달력이 있어요.

DAY	회화 표현	우리말 뜻
13	A : **What are there in the kitchen?** B : **There are** spoons.	A : 부엌에는 뭐가 있나요? B : 숟가락들이 있어요.
14	A : **Do you help your mother?** B : **I** clean the garden.	A : 엄마를 도와드리나요? B : 나는 정원을 청소해요.
15	**I** go to the library **in my free time.**	나는 자유 시간에 도서관에 가요.
16	**I** have lunch **around** 1.	나는 1시쯤에 점심을 먹어요.
17	**I give you** a present.	나는 너에게 선물을 줘요.
18	Be quiet **in the classroom!**	교실에서는 조용히 해요!
19	**You should study** English **hard.**	영어를 열심히 공부해야 해요.
20	A : **Can you count numbers?** B : Zero, one, two, three.	A : 숫자들을 셀 수 있나요? B : 0, 1, 2, 3.
21	A : **Let's stand in line.** B : **I'm the** first **in line.**	A : 줄을 서자. B : 나는 줄에서 첫 번째예요.
22	A : **What day is it?** B : **It's** Saturday.	A : 무슨 요일인가요? B : 토요일이에요.
23	A : **What time is it now?** B : **It's** nine o'clock.	A : 지금 몇 시인가요? B : 9시예요.
24	A : **How's the weather?** B : **It's** sunny.	A : 날씨가 어때요? B : 화창해요.
25	A : **Which season do you like?** B : **I like** spring.	A : 어떤 계절을 좋아하나요? B : 나는 봄을 좋아해요.
26	**My favorite sport is** baseball.	내가 가장 좋아하는 운동은 야구예요.

DAY	회화 표현	우리말 뜻
27	**How does this** apple **taste**?	이 사과는 맛이 어때요?
28	A : **Is it your** hat? B : **Yes, it's my** hat.	A : 이건 네 모자니? B : 네, 이건 내 모자예요.
29	**I want to be a** singer.	나는 가수가 되고 싶어요.
30	**An** airplane **is faster than a** train.	비행기는 기차보다 빨라요.
31	**Let's go to the** park!	공원에 가자!
32	**Do you like** blue?	파란색을 좋아하니?
33	A : **How are you?** B : **I'm fine.**	A : 어떻게 지내니? B : 나는 좋아요(잘 지내요).
34	**Go** straight. **Turn** right.	곧장 쭉 가세요. 오른쪽으로 도세요.
35	**I'm able to** run fast.	나는 빨리 달릴 수 있어요.
36	**Paul is** between **you and me**.	폴은 너와 나 사이에 있어요.
37	Anything **will be OK**.	어떤 것이든 괜찮을 거예요.
38	**How about going** to the zoo?	동물원에 갈래요?
39	**First**, buy it! **Then** pay for it!	먼저 그것을 사요! 그런 다음 계산을 해요!
40	**What a beautiful** world **it is**!	세상은 너무 아름다워요!

기적의 외국어 학습서

	기본서 (필수 학습)	특화서 (보완/강화 학습)

유아 종합

| 만 2세 이상 | 만 3세 이상 | 만 5세 이상 | 만 5세 이상 | 3세 이상 전 12권 | 3세 이상 전 12권 | 3세 이상 전 12권 | 3세 이상 |

파닉스

| 만 6세 이상 전 3권 | 만 7세 이상 전 3권 | 1~3학년 |

단어

| 출간 예정 | 3학년 이상 전 2권 | 5학년 이상 전 3권 | 1~3학년 전 2권 |

읽기

| 7세~1학년 전 3권 | 2, 3학년 전 3권 | 4, 5학년 전 2권 | 6학년 이상 전 2권 | 1~3학년 전 3권 |

영작

| 4학년 이상 전 5권 | 5학년 이상 전 2권 | 3학년 이상 | 4, 5학년 | 5, 6학년 | 5학년 이상 |

문법

| 2학년 이상 전 5권 | 4학년 이상 전 3권 | 3학년 이상 전 2권 | 6학년 |

회화 듣기

| 출간 예정 | 3학년 이상 전 2권 |

챈트로 외우고 그림으로 기억하는 영단어 1000개

초등 필수 영단어
무작정 따라하기

정답 및 챈트 스크립트

길벗스쿨

STEP 3　문장 챈트 따라 말하기 ▶ 본책 11쪽

How are you today? I'm happy. I'm so happy.

How are you today? I'm good. I'm so good.

How are you today? I feel great. I feel so great.

I'm excited. I'm so excited.
I'm glad. I'm so glad.

How are you today? I'm sad. I'm so sad.

How are you today? I'm angry. I'm so angry.

How are you today?
I feel nervous. I feel so nervous.

I'm lonely. I'm so lonely.
I feel sick. I feel so sick.

오늘 어떤가요? 나는 행복해요. 나는 아주 행복해요.

오늘 어떤가요? 나는 좋아요. 나는 아주 좋아요.

오늘 어떤가요? 나는 좋아요. 나는 아주 좋아요.

나는 신나요. 나는 아주 신나요.
나는 기뻐요. 나는 아주 기뻐요.

오늘 어떤가요? 나는 슬퍼요. 나는 아주 슬퍼요.

오늘 어떤가요? 나는 화가 났어요. 나는 무척 화가
났어요.

오늘 어떤가요?
나는 불안요. 나는 무척 불안요.

나는 외로워요. 나는 무척 외로워요.
나는 아파요. 나는 너무 아파요.

문제로 익히기　정답 ▶ 본책 12-13쪽

A 그림이 나타내는 영단어와 우리말 뜻을 알맞게 연결하세요.

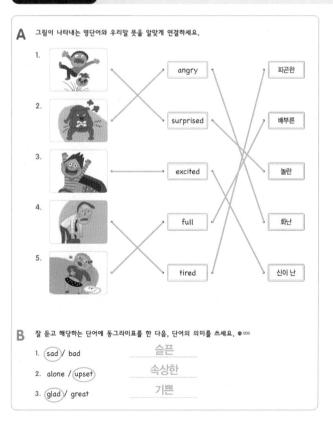

1. angry — 화난
2. surprised — 배부른
3. excited — 신이 난
4. full — 놀란
5. tired — 피곤한

B 잘 듣고 해당하는 단어에 동그라미표를 한 다음, 단어의 의미를 쓰세요. 🔊 003

1. (sad) / bad　　슬픈
2. alone / (upset)　　속상한
3. (glad) / great　　기쁜

C 우리말에 맞는 문장이 되도록 알맞은 단어를 고르세요.

1. 나는 무척 불안해.　→ I feel so (nervous / bored).
2. 나는 무척 아파.　→ I feel so (scared / sick).
3. 나는 아주 즐거워.　→ I'm so (worried / good).
4. 나는 너무 배고파.　→ I'm so (hungry / gloomy).
5. 나는 너무 지루해.　→ I'm so (relaxed / bored).
6. 나는 너무 무서워.　→ I'm so (terrified / pleasant).

D 단어를 넣어서 퍼즐을 완성하세요.

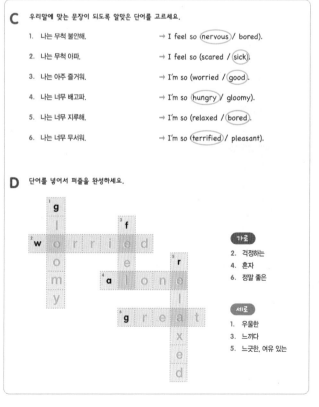

가로
2. 걱정하는
4. 혼자
6. 정말 좋은

세로
1. 우울한
3. 느끼다
5. 느긋한, 여유 있는

1

STEP 3 문장 챈트 따라 말하기

▶ 본책 15쪽

This is my face.
These are my eyes, eyebrows, ears, and cheeks.
This is my nose, mouth, and chin.

This is my body.
This is my head, neck, shoulder, and back.
These are my arms, hands, and fingers.
These are my legs, knees, feet, and toes.

Face, eyes, eyebrows, ears, cheeks, nose,
mouth, chin.
Body, head, neck, shoulders, back.
Arms, hands, fingers, legs, knees, feet, toes.

이것은 나의 얼굴이에요.
이것은 나의 눈, 눈썹, 귀, 볼이에요.
이것은 나의 코, 입, 턱이에요.

이것은 나의 몸이에요.
이것은 나의 머리, 목, 어깨, 등이에요.
이것은 나의 팔, 손, 손가락이에요.
이것은 나의 다리, 무릎, 발, 발가락이에요.

얼굴, 눈, 눈썹, 귀, 볼, 코, 입, 턱.
몸, 머리, 목, 어깨, 등.
팔, 손, 손가락, 다리, 무릎, 발, 발가락.

문제로 익히기 정답

▶ 본책 16-17쪽

A 그림이 나타내는 영단어와 우리말 뜻을 알맞게 연결하세요.

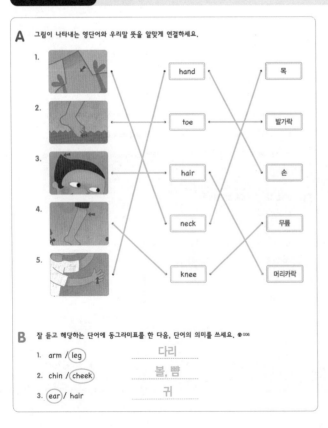

1. hand — 손
2. toe — 머리카락
3. hair — 발가락
4. neck — 목
5. knee — 무릎

B 잘 듣고 해당하는 단어에 동그라미표를 한 다음, 단어의 의미를 쓰세요. ⓐ 006

1. arm / (leg) 다리
2. chin / (cheek) 볼, 뺨
3. (ear) / hair 귀

C 우리말에 맞는 문장이 되도록 알맞은 단어를 쓰세요.

1. 이것은 내 얼굴이야. → This is my f ace .
2. 이것은 내 몸이야. → This is my b ody .
3. 이것은 내 어깨야. → This is my s houlder .
4. 이것은 내 등이야. → This is my b ack .
5. 이것은 내 턱이야. → This is my c hin .
6. 이것은 내 머리야. → This is my h ead .

D 점선을 따라 그려서 그림을 완성한 후, 해당하는 단어를 골라 쓰세요.

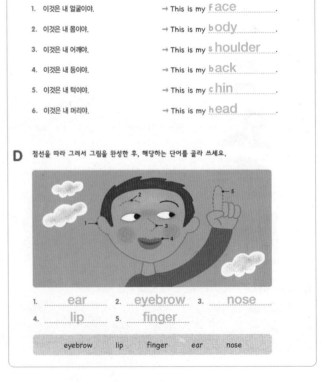

1. ear   2. eyebrow   3. nose
4. lip   5. finger

| eyebrow | lip | finger | ear | nose |

DAY 3　He is my uncle. 그분은 우리 삼촌이야.

STEP 3　문장 챈트 따라 말하기　　　▶ 본책 19쪽

Who is he? He is my father, dad, daddy.

Who is she? She is my mother, mom, mommy.

I'm their son. I'm their daughter.

Who is he? He is my grandfather, grandpa.

Who is she? She is my grandmother, grandma.

I'm their grandson. I'm their granddaughter.

He is my brother. She is my sister.
They are my siblings.

He is my uncle. She is my aunt.
They are my cousins.

그는 누구예요? 그는 나의 아빠예요.

그녀는 누구예요? 그녀는 나의 엄마예요.

나는 그들의 아들이에요. 나는 그들의 딸이에요.

그는 누구예요? 그는 나의 할아버지예요.

그녀는 누구예요? 그녀는 나의 할머니예요.

나는 그들의 손자예요. 나는 그들의 손녀예요.

그는 나의 남자 형제예요. 그녀는 나의 여자 형제예요.
그들은 나의 형제자매예요.

그는 나의 삼촌이에요. 그녀는 나의 고모예요.
그들은 나의 사촌이에요.

문제로 익히기　정답　　　▶ 본책 20-21쪽

A 그림이 나타내는 영단어와 우리말 뜻을 알맞게 연결하세요.

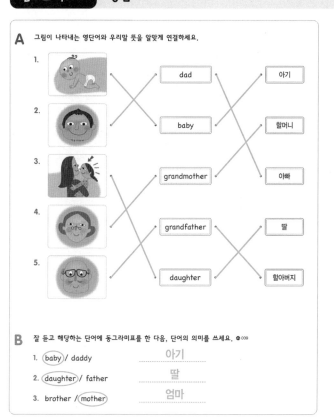

1. baby — 아기
2. grandfather — 아빠 (dad)
3. dad — 할머니
4. grandmother — 딸
5. daughter — 할아버지

B 잘 듣고 해당하는 단어에 동그라미표를 한 다음, 단어의 의미를 쓰세요. 009

1. (baby) / daddy　　아기
2. (daughter) / father　　딸
3. brother / (mother)　　엄마

C 우리말에 맞는 문장이 되도록 알맞은 단어를 고르세요.

1. 그분은 우리 아버지야.　→ He is my (father / mother).
2. 그분은 우리 할아버지야.　→ He is my (parents / grandpa).
3. 그분은 우리 삼촌이야.　→ He is my (uncle / daughter).
4. 그분은 우리 엄마야.　→ She is my (mom / dad).
5. 그분은 우리 할머니야.　→ She is my (sibling / grandma).
6. 그녀는 우리 언니야.　→ She is my (brother / sister).

D 세미의 가족 사진을 보고, 알맞은 단어를 골라 쓰세요.

1. sister　2. dad　3. mother
4. brother　5. grandfather

| grandfather | sister | brother | mother | dad |

STEP 3 문장 챈트 따라 말하기 ▶ 본책 23쪽

My name is Mike Anderson.
I'm an elementary school student.
I'm the only kid in my family.
I love my family.
He is my father. He is a man. He is a gentleman.
He is Mr. Anderson. He works at a company.
She is my mother. She is a woman. She is a lady.
She is Mrs. Anderson. She teaches kids English.
We live together.

내 이름은 마이크 앤더슨이에요.
나는 초등학생이에요.
나는 우리 집에서 외동이에요.
나는 우리 가족을 사랑해요.
그는 나의 아빠예요. 그는 남자예요. 그는 신사예요.
그는 앤더슨 씨예요. 그는 회사에서 일해요.
그녀는 나의 엄마예요. 그녀는 여자예요.
그녀는 숙녀예요.
그녀는 앤더슨 부인이에요. 그녀는 아이들에게 영어를
가르쳐요.
우리는 함께 살고 있어요.

문제로 익히기 정답 ▶ 본책 24-25쪽

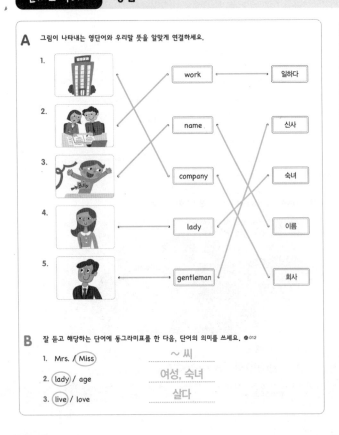

A 그림이 나타내는 영단어와 우리말 뜻을 알맞게 연결하세요.

1.
2.
3.
4.
5.

work — 일하다
name — 신사
company — 숙녀
lady — 이름
gentleman — 회사

B 잘 듣고 해당하는 단어에 동그라미표를 한 다음, 단어의 의미를 쓰세요. 012

1. Mrs. / (Miss)   ~ 씨
2. (lady) / age   여성, 숙녀
3. (live) / love   살다

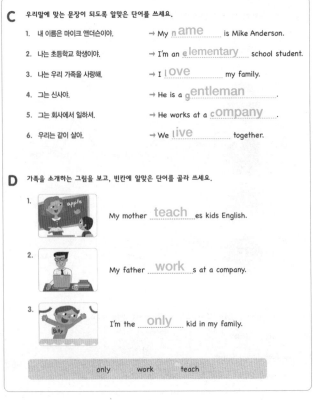

C 우리말에 맞는 문장이 되도록 알맞은 단어를 쓰세요.

1. 내 이름은 마이크 앤더슨이야.   → My n ame is Mike Anderson.
2. 나는 초등학교 학생이야.   → I'm an e lementary school student.
3. 나는 우리 가족을 사랑해.   → I l ove my family.
4. 그는 신사야.   → He is a g entleman
5. 그는 회사에서 일해서.   → He works at a c ompany
6. 우리는 같이 살아.   → We l ive together.

D 가족을 소개하는 그림을 보고, 빈칸에 알맞은 단어를 골라 쓰세요.

1. My mother teach es kids English.
2. My father work s at a company.
3. I'm the only kid in my family.

only   work   teach

STEP 3 문장 챈트 따라 말하기 ▶ 본책 27쪽

How does Ann look? She is beautiful.
She is a cute girl.
How does Ben look? He is handsome.
He is a neat boy.
How does Pam look? She is pretty and slim.
She has curly hair. She has a pony tail.
How does Sam look? He is tidy and skinny.
He has wavy hair. He has long hair.
How does Tom look? He is short and heavy.
He has bald hair, but he is young.

앤은 어떻게 생겼나요? 그녀는 아름다워요.
그녀는 귀여운 소녀이지요.
벤은 어떻게 생겼나요? 그는 잘생겼어요.
그는 단정한 소년이에요.
팸은 어떻게 생겼나요? 그녀는 예쁘고 날씬해요.
그녀는 곱슬머리이고요. 포니테일을 했어요.
샘은 어떻게 생겼나요? 샘은 깔끔하고 날씬해요.
그는 곱슬머리예요. 그는 머리가 길어요.
톰은 어떻게 생겼나요? 그는 키가 작고 뚱뚱해요.
그는 대머리지만 젊어요.

문제로 익히기 정답 ▶ 본책 28-29쪽

A 그림이 나타내는 영단어와 우리말 뜻을 알맞게 연결하세요.

1.
bald — 곱슬곱슬한
2.
curly — 친구
3.
slim — 날씬한
4.
pony tail — 대머리의
5.
friend — 포니테일

B 잘 듣고 해당하는 단어에 동그라미표를 한 다음, 단어의 의미를 쓰세요. 015

1. big / (boy)   남자아이, 소년
2. light / (long)   긴
3. tiny / (tidy)   깔끔한, 정돈된

C 우리말에 맞는 문장이 되도록 알맞은 단어를 고르세요.

1. 그녀는 아름다워.   → She is ((beautiful) / cute).
2. 그는 단정한 소년이야.   → He is a (young / (neat)) boy.
3. 그녀는 곱슬머리야.   → She has (short / (curly)) hair.
4. 그는 머리가 길어.   → He has ((long) / wavy) hair.
5. 그는 키가 작고 무거워.   → He is short and ((heavy) / tiny).
6. 그는 대머리야.   → He has a (big / (bald)) head.

D 다음 친구들에게 각각 어울리는 단어를 골라 쓰세요.

1.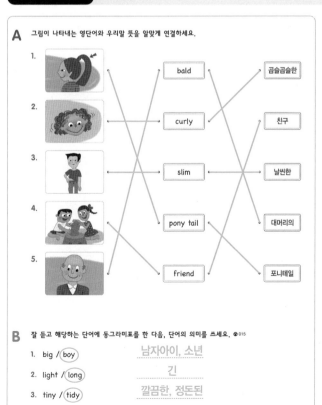

girl
light
long
slim

2.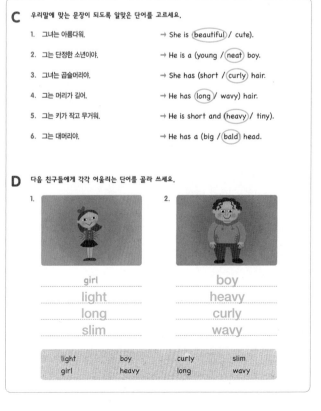

boy
heavy
curly
wavy

| light | boy | curly | slim |
| girl | heavy | long | wavy |

A 다음 단어의 우리말 뜻을 쓰세요.

1. upset   속상한   7. surprised   놀란

2. shoulder   어깨   8. cheek   볼, 뺨

3. parents   부모   9. sibling   형제자매

4. only   유일한   10. company   회사

5. beautiful   아름다운   11. skinny   비쩍 마른

6. worried   걱정하는   12. mouth   입

B 다음 우리말 뜻에 맞는 영단어를 쓰세요.

1. 배고픈   hungry   7. 겁먹은   scared

2. 엉덩이   bottom   8. 치아   tooth

3. 할아버지   grandfather   9. 아기   baby

4. 살다   live   10. 신사   gentleman

5. 귀여운   cute   11. 구불구불한   wavy

6. 사촌   cousin   12. 잘생긴   handsome

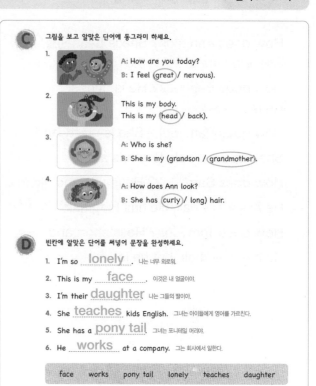

C 그림을 보고 알맞은 단어에 동그라미 하세요.

1. A: How are you today?
   B: I feel (great / nervous).

2. This is my body.
   This is my (head / back).

3. A: Who is she?
   B: She is my (grandson / grandmother).

4. A: How does Ann look?
   B: She has (curly / long) hair.

D 빈칸에 알맞은 단어를 써넣어 문장을 완성하세요.

1. I'm so lonely . 나는 너무 외로워.

2. This is my face . 이것은 내 얼굴이야.

3. I'm their daughter 나는 그들의 딸이야.

4. She teaches kids English. 그녀는 아이들에게 영어를 가르친다.

5. She has a pony tail 그녀는 포니테일 머리야.

6. He works at a company. 그는 회사에서 일한다.

| face | works | pony tail | lonely | teaches | daughter |

STEP 3 문장 챈트 따라 말하기 ▶ 본책 33쪽

Is Kate polite? Yes, she's polite. She is not selfish.

Is David strong? Yes, he is strong. He is not weak.

Is Kate clever? Yes, she is clever.
She is not foolish.

Is David kind? Yes, he is kind. He is gentle.

Is Kate outgoing? Yes, she's outgoing.
She is talkative.

Is David funny? Yes, he is funny. He is bright.

Is Kate honest? Yes, she is honest.
She is excellent.

케이트는 예의 바른가요? 네, 그녀는 예의 발라요.
그녀는 이기적이지 않아요.

데이비드는 힘이 센가요? 네, 그는 힘이 세요.
그는 약하지 않아요.

케이트는 똑똑한가요? 네, 그녀는 똑똑해요.
그녀는 어리석지 않지요.

데이비드는 친절한가요? 네, 그는 친절해요.
그는 온화해요.

케이트는 활발한가요? 네, 그녀는 활발해요.
말이 정말 많지요.

데이비드는 재미있는 친구인가요? 네, 그는 재미있어요.
그는 밝아요.

케이트는 정직한가요? 네, 그녀는 정직해요.
그녀는 정말 훌륭해요.

문제로 익히기 정답 ▶ 본책 34-35쪽

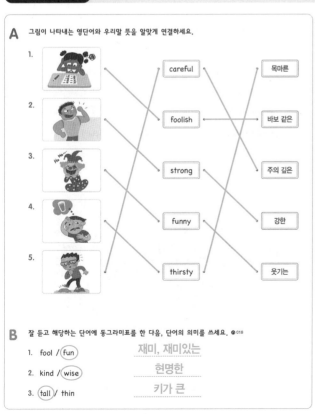

A 그림이 나타내는 영단어와 우리말 뜻을 알맞게 연결하세요.

1. careful — 목마른
2. foolish — 바보 같은
3. strong — 주의 깊은
4. funny — 강한
5. thirsty — 웃기는

B 잘 듣고 해당하는 단어에 동그라미표를 한 다음, 단어의 의미를 쓰세요. ⊕018

1. fool / (fun) — 재미, 재미있는
2. kind / (wise) — 현명한
3. (tall) / thin — 키가 큰

C 우리말에 맞는 문장이 되도록 알맞은 단어를 쓰세요.

1. 그녀는 이기적이지 않아. → She is not s elfish .
2. 데이비드는 강해? → Is David s trong ?
3. 그녀는 영리해. → She is c lever .
4. 그는 온화해. → He is g entle .
5. 그녀는 수다스러워. → She is t alkative .
6. 그는 게으르지 않아. → He is not l azy .

D 단어를 넣어서 퍼즐을 완성하세요.

가로
4. 발랄한, 밝은
5. 약한
7. 정직한

세로
1. 예의 바른
2. 호기심이 많은
3. 쾌활한
6. 친절한

7

I send letters to my friends. I smile.

I keep secrets with my friends. I smile.

I keep appointments with my friends. I smile.

I chat with my friends. I smile.

I don't fight with my friends. I laugh.

I don't hate my friends. I laugh.

I don't tease my friends. I laugh.

I don't forget their names. I laugh.

나는 내 친구들에게 편지를 보내요. 나는 미소를 지어요.

나는 친구들과의 비밀을 지켜요. 나는 미소를 지어요.

나는 내 친구들과의 약속을 잘 지켜요. 나는 미소를 지어요.

나는 내 친구들과 수다를 떨어요. 나는 미소를 지어요.

나는 내 친구들과 싸우지 않아요. 나는 웃어요.

나는 내 친구들을 미워하지 않아요. 나는 웃어요.

나는 내 친구들을 놀리지 않아요. 나는 웃어요.

나는 그들의 이름을 잊어버리지 않아요. 나는 웃어요.

문제로 익히기   **정답**   ▶ 본책 38-39쪽

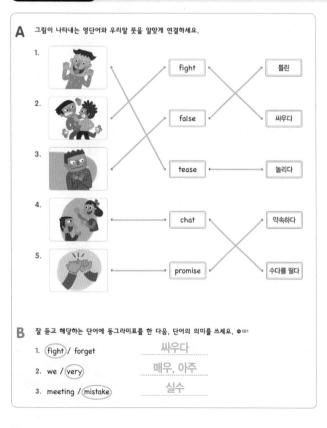

A 그림이 나타내는 영단어와 우리말 뜻을 알맞게 연결하세요.

1. fight — 틀린
2. false — 싸우다
3. tease — 놀리다
4. chat — 약속하다
5. promise — 수다를 떨다

B 잘 듣고 해당하는 단어에 동그라미표를 한 다음, 단어의 의미를 쓰세요. 🔊 021

1. (fight) / forget   싸우다
2. we / (very)   매우, 아주
3. meeting / (mistake)   실수

C 우리말에 맞는 문장이 되도록 알맞은 단어를 고르세요.

1. 나는 내 친구들에게 편지를 보내. → I (send) / gather) letters to my friends.
2. 나는 내 친구들과 비밀을 지켜. → I (keep) / agree) secrets with my friends.
3. 나는 내 친구들과 싸우지 않아. → I don't (smile / (fight)) with my friends.
4. 나는 내 친구들을 미워하지 않아. → I don't (laugh / (hate)) my friends.
5. 나는 내 친구들을 놀리지 않아. → I don't (tease) / chat) my friends.
6. 나는 그들의 이름을 잊지 않아. → I don't (forget) / promise) their names.

D 세미의 그림일기를 보고, 빈칸에 알맞은 단어를 골라 쓰세요.

1. My friends and I ___gather___ . 내 친구들과 나는 모인다.
2. We ___chat___ and ___laugh___ . 우리는 수다를 떨며 웃는다.
3. We don't ___fight___ . 우리는 싸우지 않는다.

| fight | gather | laugh | chat |

STEP 3 문장 챈트 따라 말하기　　　　　　　　　　　▶ 본책 41쪽

My hobby is dancing. I enjoy dancing.
It's interesting!

My hobby is painting. I enjoy painting.
It's interesting!

My hobby is swimming. I enjoy swimming.
It's interesting!

My hobby is reading stories.
I enjoy reading stories.

My hobby is listening to music.
I enjoy listening to music.

My hobby is drawing pictures.
I enjoy drawing pictures.

My hobby is watching movies.
I enjoy watching movies.

내 취미는 춤추는 거예요. 나는 춤추는 것을 즐겨요.
그것은 재미있어요!

내 취미는 그림을 그리는 거예요. 나는 그림 그리는
것을 즐겨요. 그것은 재미있어요!

내 취미는 수영하는 거예요. 나는 수영하는 것을 즐겨요.
그것은 재미있어요!

내 취미는 이야기를 읽는 거예요.
나는 이야기 읽는 것을 즐겨요.

내 취미는 음악을 듣는 거예요.
나는 음악 듣는 것을 즐겨요.

내 취미는 그림을 그리는 거예요.
나는 그림 그리는 것을 즐겨요.

내 취미는 영화 보기예요.
나는 영화 보는 것을 즐겨요.

문제로 익히기 정답　　　　　　　　　　　　　　▶ 본책 42-43쪽

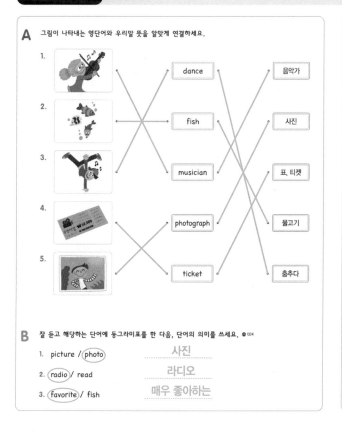

A 그림이 나타내는 영단어와 우리말 뜻을 알맞게 연결하세요.

1. — musician — 음악가
2. — fish — 물고기
3. — dance — 춤추다
4. — ticket — 표, 티켓
5. — photograph — 사진

   (dance / fish / musician / photograph / ticket)
   (음악가 / 사진 / 표, 티켓 / 물고기 / 춤추다)

B 잘 듣고 해당하는 단어에 동그라미표를 한 다음, 단어의 의미를 쓰세요. ⓐ 024

1. picture / (photo)　　사진
2. (radio) / read　　라디오
3. (favorite) / fish　　매우 좋아하는

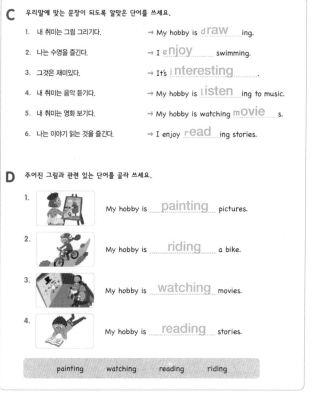

C 우리말에 맞는 문장이 되도록 알맞은 단어를 쓰세요.

1. 내 취미는 그림 그리다.　→ My hobby is drawing.
2. 나는 수영을 즐긴다.　→ I enjoy swimming.
3. 그것은 재미있다.　→ It's interesting.
4. 내 취미는 음악 듣다.　→ My hobby is listening to music.
5. 내 취미는 영화 보다.　→ My hobby is watching movies.
6. 나는 이야기 읽는 것을 즐긴다.　→ I enjoy reading stories.

D 주어진 그림과 관련 있는 단어를 골라 쓰세요.

1. My hobby is painting pictures.
2. My hobby is riding a bike.
3. My hobby is watching movies.
4. My hobby is reading stories.

painting　watching　reading　riding

9

STEP 3 문장 챈트 따라 말하기 ▶ 본책 45쪽

This is my bedroom.

There is a bed in my bedroom.
There is a desk and a chair.

There is a mirror in my bedroom.
There is a bookshelf and a computer.

There is a globe in my bedroom.
There is a blanket and a pillow.

There are bags in my bedroom.
There are books and erasers.

There are scissors in my bedroom.
There are rulers and keys.

There are piggy banks in my bedroom.
There are tapes and textbooks.

여기는 내 침실이에요.

내 침실에는 침대가 하나 있어요.
책상과 의자도 있지요.

내 침실에는 거울이 있어요.
책장과 컴퓨터도 있지요.

내 침실에는 지구본이 있어요.
이불도 있고 베개도 있어요.

내 침실에는 가방들이 있어요.
책들도 있고 지우개들도 있어요.

내 침실에는 가위도 있어요.
자랑 열쇠도 있지요.

내 침실에는 돼지 저금통들이 있어요.
테이프들과 교과서들도 있지요.

문제로 익히기 정답 ▶ 본책 46-47쪽

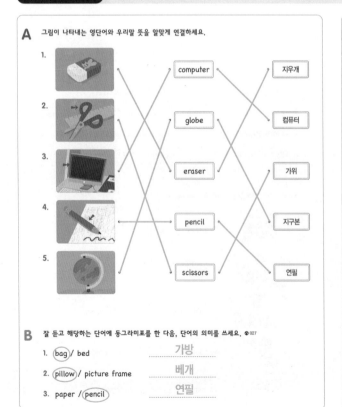

A 그림이 나타내는 영단어와 우리말 뜻을 알맞게 연결하세요.

1.
2.
3.
4.
5.

computer · · 지우개
globe · · 컴퓨터
eraser · · 가위
pencil · · 지구본
scissors · · 연필

B 잘 듣고 해당하는 단어에 동그라미표를 한 다음, 단어의 의미를 쓰세요. ❷027

1. (bag) / bed   가방
2. (pillow) / picture frame   베개
3. paper / (pencil)   연필

C 우리말에 맞는 문장이 되도록 알맞은 단어를 고르세요.

1. 내 침실에 거울이 있어. → There is a (mirror / eraser) in my bedroom.

2. 내 침실에 지구본이 있어. → There is a (globe / tape) in my bedroom.

3. 내 침실에 베개가 있어. → There is a (blanket / pillow) in my bedroom.

4. 내 침실에 가방들이 있어. → There are (bags / books) in my bedroom.

5. 자들과 열쇠들이 있어. → There are (pencils / rulers) and keys.

6. 교과서들이 있어. → There are (textbooks / computers).

D 우리말 뜻에 해당하는 영단어를 쓰고, 퍼즐에서 찾아 동그라미 하세요.

1. 열쇠   key
2. 책   book
3. 그리고   and
4. 테이프   tape
5. 단어   word
6. 컴퓨터   computer

STEP 3 문장 챈트 따라 말하기 ▶ 본책 49쪽

It's my pet. It's my kitty. I pat it.
It's my pet. It's my cat. I pat it.
It's my pet. It's my puppy. It barks.
It's my pet. It's my dog. It barks.
It's my pet. It's my parrot. I feed it.
It's my pet. It's my monkey. It wags its tail.
It's my pet. It's my goldfish. It's in the fishbowl.

그것은 나의 반려동물이에요. 나의 새끼 고양이예요.
나는 그것을 쓰다듬어요.

그것은 나의 반려동물이에요. 나의 고양이예요.
나는 그것을 쓰다듬어요.

그것은 나의 반려동물이에요. 나의 강아지예요.
그것은 짖어요.

그것은 나의 반려동물이에요. 나의 개예요.
그것은 짖어요.

그것은 나의 반려동물이에요. 나의 앵무새예요.
나는 그것에게 먹이를 줘요.

그것은 나의 반려동물이에요. 나의 원숭이예요.
그것은 꼬리를 흔들어요.

그것은 나의 반려동물이에요. 나의 금붕어예요.
그것은 어항 안에 있어요.

문제로 익히기 정답 ▶ 본책 50-51쪽

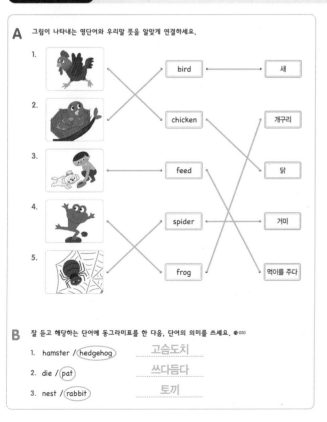

A 그림이 나타내는 영단어와 우리말 뜻을 알맞게 연결하세요.

1. — chicken — 새
2. — bird — 개구리
3. — feed — 닭
4. — frog — 거미
5. — spider — 먹이를 주다

B 잘 듣고 해당하는 단어에 동그라미표를 한 다음, 단어의 의미를 쓰세요. ⓐ 030

1. hamster / (hedgehog) 고슴도치
2. die / (pat) 쓰다듬다
3. nest / (rabbit) 토끼

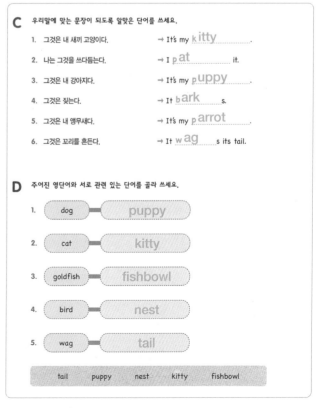

C 우리말에 맞는 문장이 되도록 알맞은 단어를 쓰세요.

1. 그것은 내 새끼 고양이다. → It's my kitty.
2. 나는 그것을 쓰다듬는다. → I pat it.
3. 그것은 내 강아지다. → It's my puppy.
4. 그것은 짖는다. → It barks.
5. 그것은 내 앵무새다. → It's my parrot.
6. 그것은 꼬리를 흔든다. → It wags its tail.

D 주어진 영단어와 서로 관련 있는 단어를 골라 쓰세요.

1. dog — puppy
2. cat — kitty
3. goldfish — fishbowl
4. bird — nest
5. wag — tail

tail puppy nest kitty fishbowl

11

▶ 본책 52-53쪽

A 다음 단어의 우리말 뜻을 쓰세요.

1.	careful	주의 깊은	7.	gentle	순한, 온화한
2.	laugh	웃다	8.	forget	잊다
3.	draw	그리다	9.	ticket	표, 티켓
4.	pillow	베개	10.	globe	지구본
5.	bark	짖다	11.	feed	먹이를 주다
6.	weak	약한	12.	smile	미소 짓다

B 다음 우리말 뜻에 맞는 영단어를 쓰세요.

1.	정직한	honest	7.	게으른	lazy
2.	비밀	secret	8.	목소리	voice
3.	즐기다	enjoy	9.	영화	movie
4.	가위	scissors	10.	그리고	and
5.	반려동물	pet	11.	키우다	raise
6.	읽다	read	12.	교과서	textbook

C 그림을 보고 알맞은 단어에 동그라미 하세요.

1. A: Is Tom clever?
   B: Yes, he is clever. He is not (foolish / strong).

2. I (chat / hate) with my friend.

3. My hobby is (listening / watching) to music.

4. There are (bags / beds) in my bedroom.

D 빈칸에 알맞은 단어를 써넣어 문장을 완성하세요.

1. She is talkative . 그녀는 수다스러워.
2. I send letters to my friends. 나는 내 친구들에게 편지를 보낸다.
3. I enjoy drawing . 나는 그림 그리는 것을 즐겨.
4. There are rulers . 자 여러 개가 있다.
5. It's my puppy . 그것은 내 강아지야.
6. It wags its tail. 그것은 꼬리를 흔든다.

drawing   rulers   talkative   send   wags   puppy

STEP 3   문장 챈트 따라 말하기   ▶ 본책 55쪽

I like to play with a ball and a balloon.
It's fun!

I like to play with a puppet and a robot.
It's fun!

I like to play with a doll and a teddy bear.
It's soft!

I like to build blocks.
It's hard but exciting!

I like to do a puzzle.
It's hard but exciting!

I like to skate and inline skate.
It's hard but exciting!

I like to jump rope.
It's hard but exciting!

나는 공과 풍선을 가지고 노는 것을 좋아해요.
그것은 재미있어요!

나는 인형이랑 로봇을 가지고 노는 것을 좋아해요.
그것은 재미있지요!

나는 인형이랑 곰 인형을 가지고 노는 것을 좋아해요.
그것은 부드러워요!

나는 블록 쌓기를 좋아해요.
그것은 어렵지만 재미있어요!

나는 퍼즐 맞추기를 좋아해요.
그것은 어렵지만 재미있어요!

나는 스케이트랑 인라인스케이트 타는 것을 좋아해요.
그것은 어렵지만 재미있어요!

나는 줄넘기하는 것을 좋아해요.
그것은 어렵지만 재미있어요!

문제로 익히기   정답   ▶ 본책 56-57쪽

A 그림이 나타내는 영단어와 우리말 뜻을 알맞게 연결하세요.

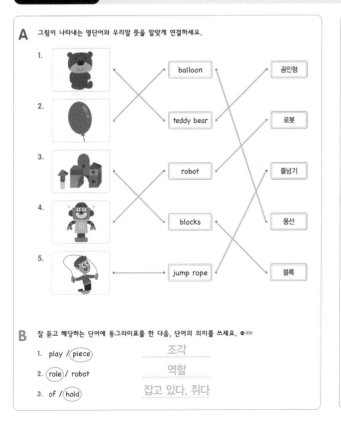

1. balloon → 곰인형
2. teddy bear → 로봇
3. robot → 줄넘기
4. blocks → 풍선
5. jump rope → 블록

B 잘 듣고 해당하는 단어에 동그라미표를 한 다음, 단어의 의미를 쓰세요. ⓐ 033

1. play / (piece)   조각
2. (role) / robot   역할
3. of / (hold)   잡고 있다, 쥐다

C 우리말에 맞는 문장이 되도록 알맞은 단어를 고르세요.

1. 나는 풍선 가지고 노는 것을 좋아해.   → I like to play with a ((balloon) / toy).
2. 나는 인형 가지고 노는 것을 좋아해.   → I like to play with a ((doll) / ball).
3. 그것은 부드러워!   → It's (hard / (soft))!
4. 그것은 어렵지만 신나!   → It's ((hard) / soft) but exciting!
5. 나는 퍼즐 하는 것을 좋아해.   → I like to do ((puzzles) / blocks).
6. 나는 줄넘기하는 것을 좋아해.   → I like to (hold / (jump rope)).

D 우리말 뜻에 맞는 영단어를 찾아 동그라미 하고 빈칸에 단어를 쓰세요.

ghballrepiecefcneedopli*kejkjumppoisoftee*

1. 공   ball
2. 조각   piece
3. 필요로 하다   need
4. 좋아하다   like
5. 점프하다   jump
6. 부드러운   soft

13

▶ 본책 59쪽

STEP 3 문장 챈트 따라 말하기

This is a living room. We talk there.

This living room is large.
This living room is not narrow.

There is a calendar in the living room.
There is a camera and a fan.

There is a table in the living room.
There is a carpet and a lamp.

There are windows in the living room.
There are clocks and umbrellas.

There are doors in the living room.
There are walls and curtains.

여기는 거실이에요. 우리는 그곳에서 이야기를 나누어요.

이 거실은 넓어요.
이 거실은 좁지 않아요.

거실에는 달력이 있어요.
카메라도 있고 선풍기도 있어요.

거실에는 탁자가 있어요.
카펫이랑 램프도 있지요.

거실에는 창문들이 있어요.
시계들과 우산들도 있어요.

거실에는 문들이 있어요.
벽들도 있고 커튼들도 있지요.

문제로 익히기 정답

▶ 본책 60-61쪽

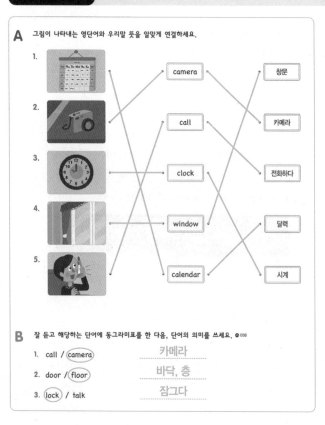

A 그림이 나타내는 영단어와 우리말 뜻을 알맞게 연결하세요.

1. — camera — 창문
2. — call — 카메라
3. — clock — 전화하다
4. — window — 달력
5. — calendar — 시계

B 잘 듣고 해당하는 단어에 동그라미표를 한 다음, 단어의 의미를 쓰세요. 🔊036

1. call / (camera)   카메라
2. door / (floor)   바닥, 층
3. (lock) / talk   잠그다

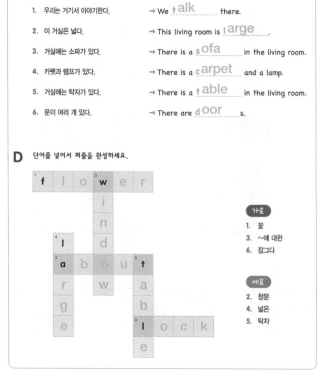

C 우리말에 맞는 문장이 되도록 알맞은 단어를 쓰세요.

1. 우리는 거기서 이야기한다.   → We talk there.
2. 이 거실은 넓다.   → This living room is large.
3. 거실에는 소파가 있다.   → There is a sofa in the living room.
4. 카펫과 램프가 있다.   → There is a carpet and a lamp.
5. 거실에는 탁자가 있다.   → There is a table in the living room.
6. 문이 여러 개 있다.   → There are doors.

D 단어를 넣어서 퍼즐을 완성하세요.

가로
1. 꽃
3. ~에 대한
6. 잠그다

세로
2. 창문
4. 넓은
5. 탁자

DAY 13 What are there in the kitchen? 부엌에는 뭐가 있니?

▶ 본책 63쪽

STEP 3 문장 챈트 따라 말하기

What are there in the kitchen?

There are glasses, knives, and spoons.

There are forks, chopsticks, bottles, and dishes.

There is water and fire.

What are there in the bathroom?

Bathroom?
Aha, toilet, toothpaste.

There are brushes and towels.

부엌에는 뭐가 있나요?

유리잔, 칼, 숟가락들이 있어요.

포크, 젓가락, 물병, 접시들도 있지요.

물이랑 불도 있어요.

화장실에는 뭐가 있나요?

화장실이요?
아하, 변기랑 치약이요.

빗이랑 수건들도 있어요.

문제로 익히기 **정답**

▶ 본책 64-65쪽

A 그림이 나타내는 영단어와 우리 뜻을 알맞게 연결하세요.

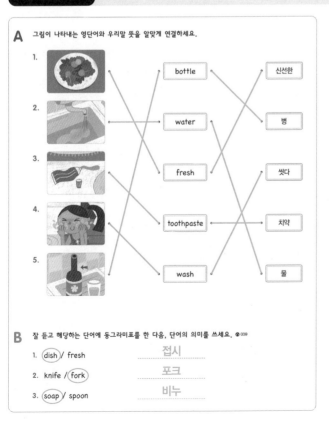

B 잘 듣고 해당하는 단어에 동그라미표를 한 다음, 단어의 의미를 쓰세요. ⓣ 039

1. (dish)/ fresh   접시
2. knife /(fork)   포크
3. (soap)/ spoon   비누

C 우리말에 맞는 문장이 되도록 알맞은 단어를 고르세요.

1. 부엌에는 뭐가 있어?
   → What are there in the ((kitchen)/ bathroom)?

2. 유리잔들과 숟가락들이 있어.
   → There are glasses and (knives /(spoons)).

3. 포크들과 젓가락들이 있어.
   → There are (dishes /(forks)) and chopsticks.

4. 물과 불이 있어.   → There is water and ((fire)/ bottle).

5. 화장실에는 뭐가 있어? → What are there in the ((bathroom)/ floor)?

6. 수건들이 있어.   → There are (brushes /(towels)).

D 주어진 단어들을 관련 있는 장소에 옮겨 쓴 다음 우리말 뜻을 쓰세요.

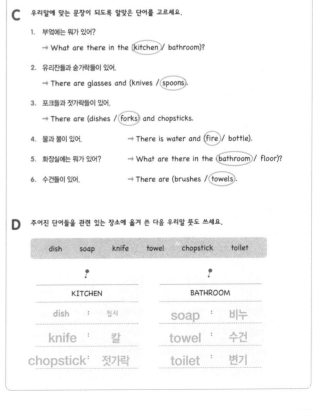

STEP 3   문장 챈트 따라 말하기   ▶ 본책 67쪽

Do you help your mother?
Of course! I clean the garden. I clean the rooms.

Do you help your mother?
Of course! I do the laundry.
I use a washing machine.

Do you help your mother?
Of course! I dry the laundry.

Do you help your mother?
Of course! I vacuum the floor.
I use a vacuum cleaner.

Do you help your mother?
Of course! I water the pots. I water the plants.

당신은 엄마를 도와드리나요?
물론이죠! 나는 정원을 청소해요. 방들도 청소하지요.

당신은 엄마를 도와드리나요?
물론이죠! 나는 빨래를 해요.
나는 세탁기를 이용하지요.

당신은 엄마를 도와드리나요?
물론이죠! 나는 빨래를 말리기도 해요.

당신은 엄마를 도와드리나요?
물론이죠! 나는 바닥을 청소해요.
나는 진공청소기를 이용하지요.

당신은 엄마를 도와드리나요?
물론이죠! 나는 화분에 물을 줘요. 식물들한테 물을 주지요.

문제로 익히기   정답   ▶ 본책 68-69쪽

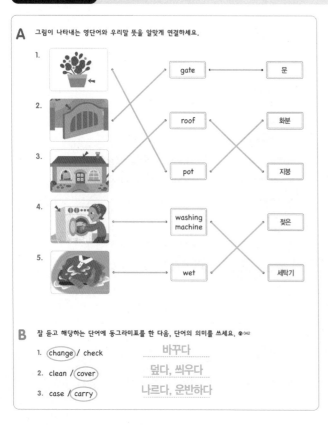

A 그림이 나타내는 영단어와 우리말 뜻을 알맞게 연결하세요.

1. — gate — 문
2. — roof — 화분
3. — pot — 지붕
4. — washing machine — 젖은
5. — wet — 세탁기

B 잘 듣고 해당하는 단어에 동그라미표를 한 다음, 단어의 의미를 쓰세요. ⓞ 042

1. (change) / check   바꾸다
2. clean / (cover)   덮다, 씌우다
3. case / (carry)   나르다, 운반하다

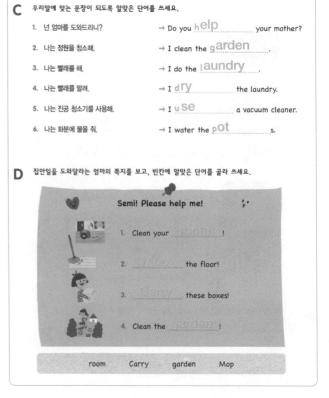

C 우리말에 맞는 문장이 되도록 알맞은 단어를 쓰세요.

1. 넌 엄마를 도와드리니?   → Do you help your mother?
2. 나는 정원을 청소해.   → I clean the garden.
3. 나는 빨래를 해.   → I do the laundry.
4. 나는 빨래를 말려.   → I dry the laundry.
5. 나는 진공 청소기를 사용해.   → I use a vacuum cleaner.
6. 나는 화분에 물을 줘.   → I water the pots.

D 집안일을 도와달라는 엄마의 쪽지를 보고, 빈칸에 알맞은 단어를 골라 쓰세요.

Semi! Please help me!

1. Clean your room !
2. Mop the floor!
3. Carry these boxes!
4. Clean the garden !

room   Carry   garden   Mop

STEP 3 문장 챈트 따라 말하기 ▶ 본책 71쪽

What do you do in your free time?

I go to the library in my free time.

I write a diary in my free time.

I go to the gym in my free time.

I relax and take a rest in my free time.

I go on a picnic in my free time.

I stay home and study in my free time.

I go on a trip in my free time.

I go downtown in my free time.

당신은 자유 시간에 무엇을 하나요?

나는 자유 시간에 도서관에 가요.

나는 자유 시간에 일기를 써요.

나는 자유 시간에 체육관에 가요.

나는 자유 시간에 편히 쉬어요.

나는 자유 시간에 소풍을 가요.

나는 자유 시간에 집에서 공부를 해요.

나는 자유 시간에 여행을 떠나요.

나는 자유 시간에 시내에 가요.

문제로 익히기 정답 ▶ 본책 72-73쪽

A 그림이 나타내는 영단어와 우리말 뜻을 알맞게 연결하세요.

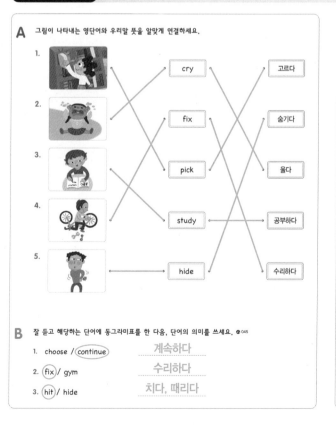

1.
2.
3.
4.
5.

cry — 울다

fix — 수리하다

pick — 고르다

study — 공부하다

hide — 숨기다

B 잘 듣고 해당하는 단어에 동그라미표를 한 다음, 단어의 의미를 쓰세요. 045

1. choose / (continue)   계속하다

2. (fix) / gym   수리하다

3. (hit) / hide   치다, 때리다

C 우리말에 맞는 문장이 되도록 알맞은 단어를 고르세요.

1. 나는 자유 시간에 도서관에 가.   → I go to the ((library) / travel) in my free time.

2. 나는 일기를 써.   → I write my ((diary) / study).

3. 나는 체육관에 가.   → I go to the (fix / (gym)).

4. 나는 소풍을 가.   → I go on a (plan / (picnic)).

5. 나는 여행을 가.   → I go on a ((trip) / pick).

6. 나는 시내로 가.   → I go ((downtown) / schedule).

D 세미가 하는 일들을 보고, 빈칸에 알맞은 단어를 골라 쓰세요.

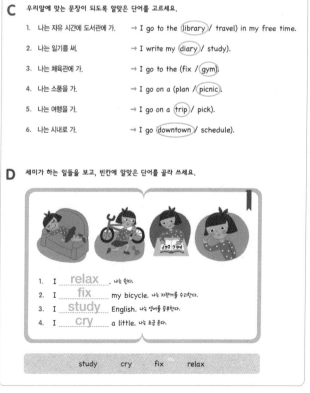

1. I relax . 나는 쉰다.

2. I fix my bicycle. 나는 자전거를 수리한다.

3. I study English. 나는 영어를 공부한다.

4. I cry a little. 나는 조금 운다.

study   cry   fix   relax

A 다음 단어의 우리말 뜻을 쓰세요.

1. piece — 조각
2. lock — 잠그다
3. spoon — 숟가락
4. roof — 지붕
5. library — 도서관
6. exciting — 신나는
7. hold — 잡고 있다
8. large — 넓은
9. wash — 씻다
10. check — 확인하다
11. choose — 선택하다
12. umbrella — 우산

B 다음 우리말 뜻에 맞는 영단어를 쓰세요.

1. 좋아하다 — like
2. 소파 — sofa
3. 신선한 — fresh
4. 세탁물 — laundry
5. 방학, 휴가 — vacation
6. 맛있는 — delicious
7. 부드러운 — soft
8. 꽃 — flower
9. 포크 — fork
10. 대걸레 — mop
11. 숨기다 — hide
12. 말리다 — dry

C 그림을 보고 알맞은 단어에 동그라미 하세요.

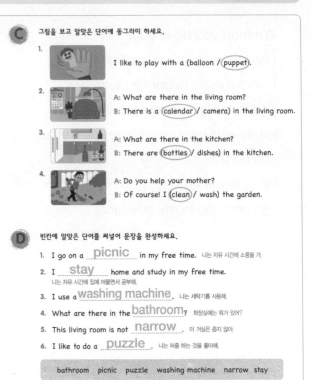

1. I like to play with a (balloon / (puppet)).
2. A: What are there in the living room?
   B: There is a ((calendar) / camera) in the living room.
3. A: What are there in the kitchen?
   B: There are ((bottles) / dishes) in the kitchen.
4. A: Do you help your mother?
   B: Of course! I ((clean) / wash) the garden.

D 빈칸에 알맞은 단어를 써넣어 문장을 완성하세요.

1. I go on a picnic in my free time. 나는 자유 시간에 소풍을 가.
2. I stay home and study in my free time.
   나는 자유 시간에 집에 머물면서 공부해.
3. I use a washing machine. 나는 세탁기를 사용해.
4. What are there in the bathroom? 화장실에는 뭐가 있어?
5. This living room is not narrow. 이 거실은 좁지 않아.
6. I like to do a puzzle. 나는 퍼즐 하는 것을 좋아해.

bathroom picnic puzzle washing machine narrow stay

STEP 3   문장 챈트 따라 말하기

▶ 본책 77쪽

Can you tell me your day?

Yes! I'm busy all day.

I wake up early around 6 in the morning.

I eat breakfast around 7:30.

I arrive at school around 8.

I have lunch around 1.

I join the club activities after school.

I finish my homework around 7.

I sleep around 11 at night. I dream a dream.

당신의 하루를 말해줄래요?

네! 나는 하루 종일 바빠요.

나는 아침 6시쯤에 일찍 일어나요.

나는 7시 30분에 아침을 먹죠.

나는 8시쯤에 학교에 도착해요.

나는 1시쯤에 점심을 먹어요.

나는 방과 후에 클럽 활동에 참여해요.

나는 7시쯤에 숙제를 끝내요.

나는 밤 11시쯤에 잠을 자요. 나는 꿈을 꿔요.

문제로 익히기   정답

▶ 본책 78-79쪽

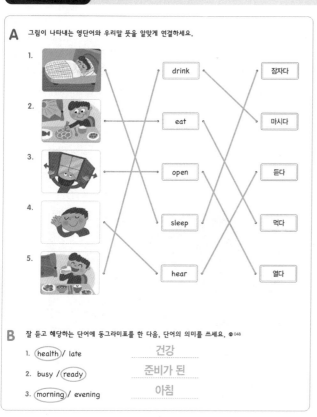

A 그림이 나타내는 영단어와 우리말 뜻을 알맞게 연결하세요.

1. drink — 잠자다
2. eat — 마시다
3. open — 듣다
4. sleep — 먹다
5. hear — 열다

B 잘 듣고 해당하는 단어에 동그라미표를 한 다음, 단어의 의미를 쓰세요. 048

1. (health) / late   건강
2. busy / (ready)   준비가 된
3. (morning) / evening   아침

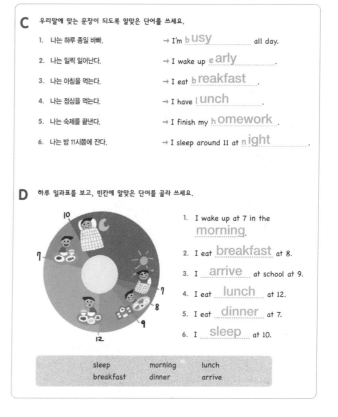

C 우리말에 맞는 문장이 되도록 알맞은 단어를 쓰세요.

1. 나는 하루 종일 바빠.   → I'm busy all day.
2. 나는 일찍 일어난다.   → I wake up early.
3. 나는 아침을 먹는다.   → I eat breakfast.
4. 나는 점심을 먹는다.   → I have lunch.
5. 나는 숙제를 끝낸다.   → I finish my homework.
6. 나는 밤 11시에 잔다.   → I sleep around 11 at night.

D 하루 일과표를 보고, 빈칸에 알맞은 단어를 골라 쓰세요.

1. I wake up at 7 in the morning.
2. I eat breakfast at 8.
3. I arrive at school at 9.
4. I eat lunch at 12.
5. I eat dinner at 7.
6. I sleep at 10.

| sleep | morning | lunch |
| breakfast | dinner | arrive |

19

STEP 3   문장 챈트 따라 말하기

▶ 본책 81쪽

Congratulations! Congratulations on your birthday!

I visit you, and I give you a card and a gift.

I give you a present. I bring a present for you.

You invite me to the party. I'm invited to the party.

You receive a gift and a card from me.

It's like Halloween. It's like Christmas. It's like New Year's Day.

I wait for Halloween, Christmas, and New Year's Day.

축하해요! 당신의 생일을 축하해요!

나는 당신에게 찾아가서 카드와 선물을 줘요.

선물을 줘요. 당신을 위해서 선물을 가져와요.

당신은 나를 파티에 초대해요. 나는 파티에 초대받아요.

당신은 내가 준 선물과 카드를 받아요.

마치 핼러윈 같아요. 크리스마스 같기도 하고요. 설날 같기도 해요.

나는 핼러윈, 크리스마스, 그리고 설날을 기다려요.

문제로 익히기   정답

▶ 본책 82-83쪽

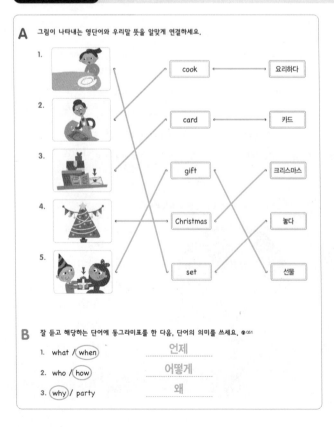

A 그림이 나타내는 영단어와 우리말 뜻을 알맞게 연결하세요.

1. cook ──── 요리하다
2. card ──── 카드
3. gift ──── 크리스마스
4. Christmas ──── 놓다
5. set ──── 선물

B 잘 듣고 해당하는 단어에 동그라미표를 한 다음, 단어의 의미를 쓰세요. 🔊 051

1. what /(when)   언제
2. who /(how)   어떻게
3. (why)/ party   왜

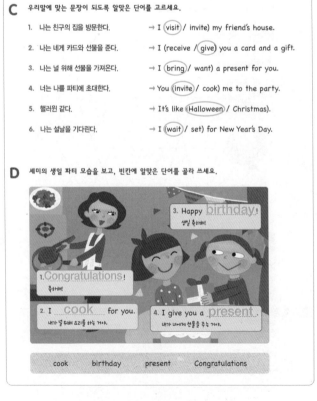

C 우리말에 맞는 문장이 되도록 알맞은 단어를 고르세요.

1. 나는 친구의 집을 방문한다. → I (visit)/ invite) my friend's house.
2. 나는 네게 카드와 선물을 준다. → I (receive /(give) you a card and a gift.
3. 나는 널 위해 선물을 가져온다. → I (bring)/ want) a present for you.
4. 너는 나를 파티에 초대한다. → You (invite)/ cook) me to the party.
5. 핼러윈 같다. → It's like (Halloween)/ Christmas).
6. 나는 설날을 기다린다. → I (wait)/ set) for New Year's Day.

D 세미의 생일 파티 모습을 보고, 빈칸에 알맞은 단어를 골라 쓰세요.

3. Happy birthday!
생일 축하해!

1. Congratulations!
축하해!

2. I cook for you.
내가 널 위해 요리를 하는 거야.

4. I give you a present.
내가 너에게 선물을 주는 거야.

| cook | birthday | present | Congratulations |

DAY 18 Be quiet in the classroom! 교실에서 조용히 해!

STEP 3 문장 챈트 따라 말하기

▶ 본책 85쪽

Be quiet in the classroom! Don't make a loud noise!
Don't be absent for school! Be there!
Ask the questions. Answer the questions.
Repeat the teacher.
Learn during group lessons.
Knock on the door of the classroom.
Point the wrong answers on the board.
Correct them. Use chalks and correct them.

교실에서는 조용히 해요! 크게 떠들지 말아요!

학교에 결석하지 말아요! 항상 출석해요!

질문을 해요. 질문에 답도 해 봐요.

선생님을 따라 해요.

조별 수업 시간 동안에도 배워요.

교실 문을 노크해요.

칠판에서 틀린 답을 가리켜요.

그것들을 고쳐 봐요. 분필을 사용해서 고쳐요.

문제로 익히기 정답

▶ 본책 86-87쪽

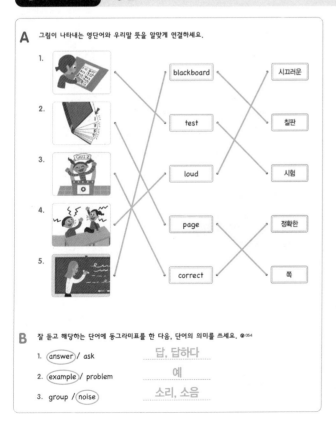

A 그림이 나타내는 영단어와 우리말 뜻을 알맞게 연결하세요.

1.

2.

3.

4.

5.

blackboard — 시끄러운
test — 칠판
loud — 시험
page — 정확한
correct — 쪽

B 잘 듣고 해당하는 단어에 동그라미표를 한 다음, 단어의 의미를 쓰세요. ⓐ 054

1. (answer) / ask   답, 답하다
2. (example) / problem   예
3. group / (noise)   소리, 소음

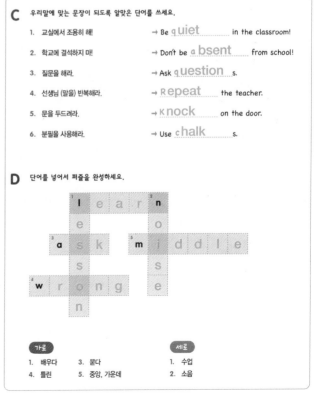

C 우리말에 맞는 문장이 되도록 알맞은 단어를 쓰세요.

1. 교실에서 조용히 해!   → Be quiet in the classroom!
2. 학교에 결석하지 마!   → Don't be absent from school!
3. 질문을 해라.   → Ask question s.
4. 선생님 (말을) 반복해라.   → Repeat the teacher.
5. 문을 두드려라.   → Knock on the door.
6. 분필을 사용해라.   → Use chalk s.

D 단어를 넣어서 퍼즐을 완성하세요.

l	e	a	r	n
e				o
a	s	k	m	i	d	d	l	e
s			s
w	r	o	n	g	e
n			

가로
1. 배우다   3. 묻다
4. 틀린   5. 중앙, 가운데

세로
1. 수업
2. 소음

STEP 3 문장 챈트 따라 말하기 ▶ 본책 89쪽

You should study art hard. It's easy.

You can use crayon and sketchbook.

You should study math hard. It's difficult.

You should study science hard. It's difficult.

You should study English and Korean hard.
That's easy.

You can use a dictionary. Look up the spelling.

You should get a high score.

You should not get a low score.

미술을 열심히 공부해야 해요. 미술은 쉬워요.

크레파스와 스케치북을 사용할 수 있어요.

수학을 열심히 공부해야 해요. 수학은 어려워요.

과학을 열심히 공부해야 해요. 과학은 어려워요.

영어와 국어를 열심히 공부해야 해요.
그것들은 쉬워요.

사전을 사용할 수 있어요. 철자를 찾아 보세요.

높은 점수를 받아야 해요.

낮은 점수를 받으면 안 돼요.

문제로 익히기 정답 ▶ 본책 90-91쪽

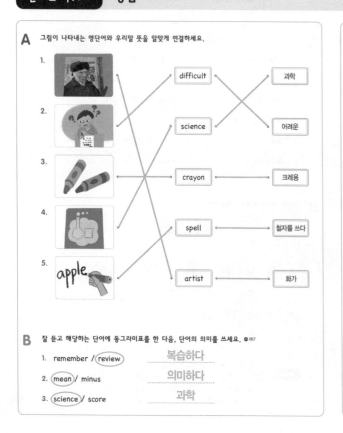

A 그림이 나타내는 영단어와 우리말 뜻을 알맞게 연결하세요.

1.
2.
3.
4.
5.

difficult — 과학
science — 어려운
crayon — 크레용
spell — 철자를 쓰다
artist — 화가

B 잘 듣고 해당하는 단어에 동그라미표를 한 다음, 단어의 의미를 쓰세요. ⓐ057

1. remember / (review)   복습하다
2. (mean) / minus   의미하다
3. (science) / score   과학

C 우리말에 맞는 문장이 되도록 알맞은 단어를 고르세요.

1. 너는 크레용을 사용할 수 있어. → You can use a ((crayon) / sketchbook).
2. 너는 수학을 열심히 공부해야 해. → You should study (art / (math)) hard.
3. 그것은 쉬워. → It's (difficult / (easy)).
4. 너는 영어를 열심히 공부해야 해. → You should study (Korean / (English)) hard.
5. 너는 사전을 사용할 수 있어. → You can use a ((dictionary) / spell).
6. 너는 높은 점수를 받아야 해. → You should get a high ((score) / plus).

D 우리말 뜻에 해당하는 영단어를 쓰고, 퍼즐에서 찾아 동그라미 하세요.

1. 국어 korean
2. 아이디어 idea
3. 미술 art
4. 추측하다 guess
5. 수학 math
6. 철자를 쓰다 spell

STEP 3 문장 챈트 따라 말하기 ▶ 본책 93쪽

Can you count numbers?
Yes, I can count numbers.
Zero, one, two, three, four, five,
six, seven, eight, nine, ten,
eleven, twelve, thirteen, fourteen, fifteen,
sixteen, seventeen, eighteen, nineteen,
hundred, thousand.

숫자들을 셀 수 있나요?
그럼요, 저는 숫자를 셀 수 있어요.
영, 하나, 둘, 셋, 넷, 다섯,
여섯, 일곱, 여덟, 아홉, 열,
열하나, 열둘, 열셋, 열넷, 열다섯,
열여섯, 열일곱, 열여덟, 열아홉,
백, 천.

문제로 익히기 정답 ▶ 본책 94-95쪽

A 다음 숫자들에 해당하는 영단어를 쓰세요.

0 zero	1 one	2 two	3 three
4 four	5 five	6 six	7 seven
8 eight	9 nine	10 ten	11 eleven
12 twelve	13 thirteen	14 fourteen	15 fifteen
16 sixteen	17 seventeen	18 eighteen	19 nineteen
20 twenty	21 twenty one	22 twenty two	100 hundred
1000 thousand			

B 잘 듣고 해당하는 단어에 동그라미표를 한 다음, 단어의 의미를 쓰세요. ⓐ 060

1. six / (seven)   7, 일곱
2. twelve / (twenty)   20, 스물
3. (hundred) / thousand   100, 백

C 우리말에 맞는 문장이 되도록 알맞은 단어를 쓰세요.

1. 숫자를 셀 수 있니?　　　　　 → Can you count number s?
2. 난 5를 셀 수 있어.　　　　　 → I can count five .
3. 난 7을 셀 수 있어.　　　　　 → I can count seven .
4. 난 13을 셀 수 있어.　　　　　 → I can count thirteen .
5. 난 16을 셀 수 있어.　　　　　 → I can count sixteen .
6. 난 21을 셀 수 있어.　　　　　 → I can count twenty one .

D 다음 문제의 정답을 영단어로 쓰세요.

1. 3 + 8 = eleven
2. 12 + 8 = twenty
3. 20 - 4 = sixteen
4. 10 - 5 = five
5. 2 × 2 = four
6. 9 × 2 = eighteen

A 다음 단어의 우리말 뜻을 쓰세요.

1.	morning	아침	7.	ready	준비가 된
2.	anniversary	기념일	8.	what	무엇, 어떤
3.	learn	배우다	9.	repeat	반복하다
4.	review	복습하다	10.	mean	의미하다
5.	seven	7, 일곱	11.	thirteen	13, 열셋
6.	busy	바쁜	12.	cook	요리하다

B 다음 우리말 뜻에 맞는 영단어를 쓰세요.

1.	저녁 식사	dinner	7.	열다	open
2.	축하하다	congratulate	8.	원하다	want
3.	물어보다	ask	9.	중앙, 가운데	middle
4.	어려운	difficult	10.	사전	dictionary
5.	열하나	eleven	11.	스물	twenty
6.	결석한	absent	12.	암기하다	memorize

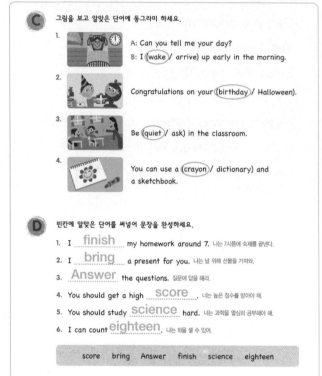

C 그림을 보고 알맞은 단어에 동그라미 하세요.

1. A: Can you tell me your day?
   B: I (wake / arrive) up early in the morning.

2. Congratulations on your (birthday / Halloween).

3. Be (quiet / ask) in the classroom.

4. You can use a (crayon / dictionary) and a sketchbook.

D 빈칸에 알맞은 단어를 써넣어 문장을 완성하세요.

1. I **finish** my homework around 7. 나는 7시쯤에 숙제를 끝낸다.
2. I **bring** a present for you. 나는 널 위해 선물을 가져와.
3. **Answer** the questions. 질문에 답을 해라.
4. You should get a high **score**. 너는 높은 점수를 받아야 해.
5. You should study **science** hard. 너는 과학을 열심히 공부해야 해.
6. I can count **eighteen**. 나는 18을 셀 수 있어.

> score   bring   Answer   finish   science   eighteen

STEP 3　문장 챈트 따라 말하기　▶ 본책 99쪽

Let's stand in line.

I'm the first in line.

You're the second in line.

She's the third in line.

He's the fourth in line.

Fifth, sixth, seventh, eighth, ninth, tenth, eleventh, twelfth, thirteenth······.

Let's stand in line together.

줄을 섭시다.

나는 줄에서 첫 번째예요.

당신은 줄에서 두 번째예요.

그녀는 줄에서 세 번째예요.

그는 줄에서 네 번째예요.

다섯 번째, 여섯 번째, 일곱 번째, 여덟 번째,
아홉 번째, 열 번째, 열한 번째, 열두 번째, 열세 번째······.

모두 함께 줄을 섭시다.

문제로 익히기　정답　▶ 본책 100-101쪽

A 다음 서수들에 알맞은 영단어를 쓰세요.

첫 번째 first	두 번째 second	세 번째 third
네 번째 fourth	다섯 번째 fifth	여섯 번째 sixth
열 번째 tenth	열한 번째 eleventh	열두 번째 twelfth
열세 번째 thirteenth	스무 번째 twentieth	백 번째 hundredth

B 잘 듣고 해당하는 단어에 동그라미표를 한 다음, 단어의 의미를 쓰세요. 🔊063

1. (fourth)/ ninth　　　네 번째

2. eleventh /(eighth)　여덟 번째

3. hundredth /(thousandth)　천 번째

C 우리말에 맞는 문장이 되도록 알맞은 단어를 쓰세요.

1. 나는 줄에서 첫 번째야.　→ I'm the f first　in line.

2. 너는 줄에서 두 번째야.　→ You're the s econd　in line.

3. 그녀는 줄에서 세 번째야.　→ She's the t hird　in line.

4. 그는 줄에서 다섯 번째야.　→ He's the f ifth　in line.

5. 나는 줄에서 열 번째야.　→ I'm the t enth　in line.

6. 나는 줄에서 스무 번째야.　→ I'm the t wentieth　in line.

D 우리말 뜻에 맞는 영단어를 찾아 동그라미 한 후, 단어를 쓰세요.

trfirstehlsecondllehthirdqpfourthbntenthdffifteenth

1. 첫 번째　　first

2. 두 번째　　second

3. 세 번째　　third

4. 네 번째　　fourth

5. 열 번째　　tenth

6. 열다섯 번째　fifteenth

STEP 3 문장 챈트 따라 말하기 ▶ 본책 103쪽

What day is it? It's Saturday.
What's the date today? It's February seventeenth.
What day is it? It's Friday.
What's the date today? It's April fourth.
January, February, March, April, May, June,
July, August, September, October, November,
December.
Monday, Tuesday, Wednesday, Thursday, Friday,
Saturday, Sunday.

무슨 요일인가요? 토요일이에요.
오늘은 며칠인가요? 2월 17일이에요.
무슨 요일인가요? 금요일이에요.
오늘은 며칠인가요? 4월 4일이에요.
1월, 2월, 3월, 4월, 5월, 6월,
7월, 8월, 9월, 10월, 11월, 12월.
월요일, 화요일, 수요일, 목요일, 금요일, 토요일, 일요일.

문제로 익히기 정답 ▶ 본책 104-105쪽

A 다음 월과 요일에 알맞은 영단어를 쓰세요.

1월 January	2월 February	3월 March	4월 April
5월 May	6월 June	7월 July	8월 August
9월 September	10월 October	11월 November	12월 December

| 월요일 Monday | 화요일 Tuesday | 수요일 Wednesday | 목요일 Thursday |
| 금요일 Friday | 토요일 Saturday | 일요일 Sunday | |

B 잘 듣고 해당하는 단어에 동그라미표를 한 다음, 단어의 의미를 쓰세요. 🔊 066
1. March /(May)   5월
2. (Tuesday)/ Thursday   화요일
3. weekday /(weekend)   주말

C 우리말에 맞는 문장이 되도록 알맞은 단어를 쓰세요.
1. 오늘 무슨 요일이야?   → What day is it today?
2. 12월 9일 목요일이야.   → It's Thursday, December ninth.
3. 4월 4일 금요일이야.   → It's Friday, April fourth.
4. 2월 17일 토요일이야.   → It's Saturday, february seventeenth.
5. 11월 2일 일요일이야.   → It's sunday, November second.
6. 5월 3일 수요일이야.   → It's wednesday, May third.

D 세미와 친구들의 대화를 보고, 빈칸에 알맞은 단어를 골라 쓰세요.

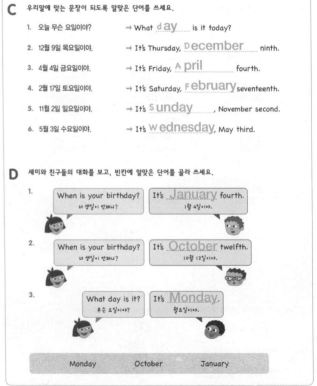

1. When is your birthday? 너 생일이 언제니? — It's January fourth. 1월 4일이야.
2. When is your birthday? 너 생일이 언제니? — It's October twelfth. 10월 12일이야.
3. What day is it? 무슨 요일이야? — It's Monday. 월요일이야.

Monday   October   January

STEP 3　문장 챈트 따라 말하기　　▶ 본책 107쪽

What time is it now? It's nine o'clock.

What time is it now? It's five past ten.

What time is it now? It's half past six.

I always ask the time to my friends.

I usually ask the time to my friends.

I often ask the time to my friends.

I sometimes ask the time to my friends.

I never ask the time to my friends.

지금 몇 시인가요? 9시예요.

지금 몇 시인가요? 10시 5분이에요.

지금 몇 시인가요? 6시 30분이에요.

나는 항상 내 친구들에게 시간을 물어봐요.

나는 보통 내 친구들에게 시간을 물어봐요.

나는 자주 내 친구들에게 시간을 물어봐요.

나는 가끔 내 친구들에게 시간을 물어봐요.

나는 결코 내 친구들에게 시간을 물어보지 않아요.

문제로 익히기　정답　　▶ 본책 108-109쪽

A 그림이 나타내는 영단어와 우리말 뜻을 알맞게 연결하세요.

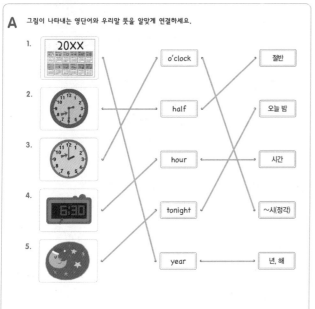

1. 20XX
2. (시계) — o'clock — 절반
3. (시계) — half — 오늘 밤
4. 6:30 — hour — 시간
5. (달) — tonight — ~시(정각)
   — year — 년, 해

B 잘 듣고 해당하는 단어에 동그라미표를 한 다음, 단어의 의미를 쓰세요. ⓝ069

1. (hour) / half　　1시간, 시간
2. ahead / (until)　　~까지
3. past / (last)　　지난, 가장 최근의

C 우리말에 맞는 문장이 되도록 알맞은 단어를 고르세요.

1. 지금 몇 시야?　→ What (time) / hour) is it now?
2. 9시 정각이야.　→ It's nine (o'clock) / minute).
3. 6시 30분이야.　→ It's six and a (then / (half)).
4. 나는 항상 7시에 일어난다.
   → I (always) / once) wake up at seven o'clock.
5. 나는 종종 친구들과 축구를 한다.
   → I (never / (often)) play soccer with my friends.
6. 나는 가끔 책을 읽는다.
   → I (sometimes) / ago) read books.

D 세미의 일주일 생활기록을 보고, 빈칸에 알맞은 단어를 골라 쓰세요.

	Mon.	Tue.	Wed.	Thu.	Fri.	Sat.	Sun.
watching TV	✓	✓	✓	✓	✓	✓	✓
going to the library			✓				✓
cleaning the room							
meeting friends	✓		✓		✓		✓

1. Semi ___always___ watches TV.
2. Semi ___sometimes___ goes to the library.
3. Semi ___never___ cleans the room.
4. Semi ___often___ meets friends.

> never
> sometimes
> often
> always

STEP 3 문장 챈트 따라 말하기   ▶ 본책 111쪽

How's the weather? It's sunny. It's hot.
Sunny, hot.

How's the weather? It's cloudy. It's warm.
Cloudy, warm.

How's the weather? It's foggy. It's chilly.
Foggy, chilly.

How's the weather? It's rainy. It's cool.
Rainy, cool.

How's the weather? It's windy. It's cold.
Windy, cold.

How's the weather? It's snowy. It's freezing.
Snowy, freezing.

How's the weather? It's stormy. There's lightning.
Stormy, lightning.

날씨가 어때요? 화창해요. 더워요.
화창하고 더워요.

날씨가 어때요? 구름이 꼈어요. 따뜻해요.
구름 끼고 따뜻해요.

날씨가 어때요? 안개가 꼈어요. 쌀쌀해요.
안개 끼고 쌀쌀해요.

날씨가 어때요? 비가 와요. 시원해요.
비가 오고 시원해요.

날씨가 어때요? 바람이 불어요. 추워요.
바람이 불고 추워요.

날씨가 어때요? 눈이 와요. 너무 추워요.
눈이 오고 너무 추워요.

날씨가 어때요? 폭풍우가 몰아쳐요. 번개가 쳐요.
폭풍우가 몰아치고 번개가 쳐요.

문제로 익히기 정답   ▶ 본책 112-113쪽

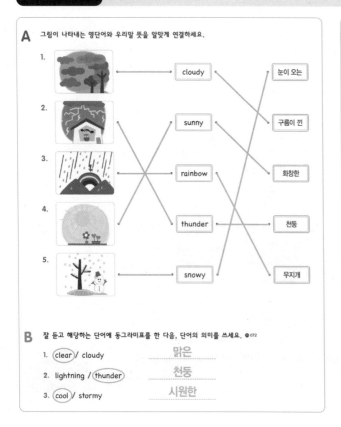

A 그림이 나타내는 영단어와 우리말 뜻을 알맞게 연결하세요.

1.   cloudy — 눈이 오는
2.   sunny — 구름이 낀
3.   rainbow — 화창한
4.   thunder — 천둥
5.   snowy — 무지개

B 잘 듣고 해당하는 단어에 동그라미표를 한 다음, 단어의 의미를 쓰세요. 072

1. (clear) / cloudy   맑은
2. lightning / (thunder)   천둥
3. (cool) / stormy   시원한

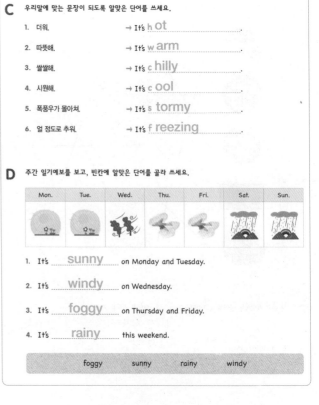

C 우리말에 맞는 문장이 되도록 알맞은 단어를 쓰세요.

1. 더워.   → It's h ot .
2. 따뜻해.   → It's w arm .
3. 쌀쌀해.   → It's c hilly .
4. 시원해.   → It's c ool .
5. 폭풍우가 몰아쳐. → It's s tormy .
6. 얼 정도로 추워.   → It's f reezing .

D 주간 일기예보를 보고, 빈칸에 알맞은 단어를 골라 쓰세요.

Mon.	Tue.	Wed.	Thu.	Fri.	Sat.	Sun.

1. It's   sunny   on Monday and Tuesday.
2. It's   windy   on Wednesday.
3. It's   foggy   on Thursday and Friday.
4. It's   rainy   this weekend.

| foggy   sunny   rainy   windy |

STEP 3　문장 챈트 따라 말하기　　　　　　　　　　　　　▶ 본책 115쪽

Which season do you like, spring, summer, autumn, or winter?
I like spring. Spring with blossoms.
Wonderful spring blossoms.
I like summer. Summer with ice cream, beach and surfing.
I like autumn, fall. Autumn with harvest.
I like winter.
Winter with snowman, mitten and muffler.
Which season do you hate, spring, summer, fall, or winter?
I hate spring. Spring with allergies and runny nose.
I hate summer.
Summer with mosquitoes and sweat.

어떤 계절을 좋아하나요? 봄, 여름, 가을, 겨울?

나는 봄을 좋아해요. 꽃 피는 봄.
멋진 봄의 꽃들.

나는 여름을 좋아해요.
아이스크림과 해변과 파도타기가 있는 여름.

나는 가을을 좋아해요. 추수를 하는 가을.

나는 겨울을 좋아해요.
눈사람, 손모아장갑, 목도리가 있는 겨울.

어떤 계절을 싫어하나요? 봄, 여름, 가을, 겨울?

나는 봄이 싫어요. 알레르기와 콧물이 있는 봄.

나는 여름이 싫어요.
모기와 땀이 있는 여름.

문제로 익히기　정답　　　　　　　　　　　　　　　　　▶ 본책 116-117쪽

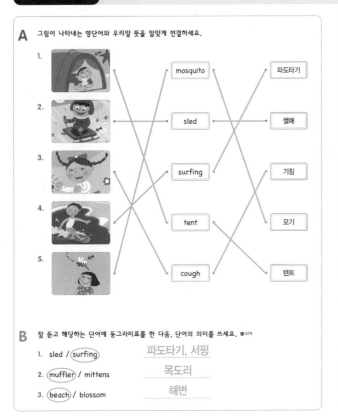

A 그림이 나타내는 영단어와 우리말 뜻을 알맞게 연결하세요.

1. 　mosquito　파도타기
2. 　sled　썰매
3. 　surfing　기침
4. 　tent　모기
5. 　cough　텐트

B 잘 듣고 해당하는 단어에 동그라미표를 한 다음, 단어의 의미를 쓰세요. ④075

1. sled / (surfing)　파도타기, 서핑
2. (muffler) / mittens　목도리
3. (beach) / blossom　해변

C 우리말에 맞는 문장이 되도록 알맞은 단어를 고르세요.

1. 너는 어느 계절이 좋아?
→ Which ((season) / wonderful) do you like?

2. 꽃이 핀 봄.
→ ((Spring) / Summer) with blossoms.

3. 아이스크림이 있는 여름.
→ (Season / (Summer)) with ice cream.

4. 추수를 하는 가을.
→ (Sled / (Autumn)) with harvest.

5. 눈사람이 있는 겨울.
→ ((Winter) / Sweat) with snowman.

6. 콧물이 나는 봄.
→ Spring with ((runny nose) / cough).

D 주어진 단어들을 관련 있는 계절의 칸에 옮겨 쓰세요.

Spring	Summer	Fall	Winter
blossom	air-conditioner mosquito surfing	harvest	snowman sled muffler mittens

snowman	air-conditioner	blossom	mosquito
harvest	sled	muffler	surfing	mittens

A 다음 단어의 우리말 뜻을 쓰세요.

1. fourth — 네 번째
2. month — 달, 월
3. tomorrow — 내일
4. stormy — 폭풍우가 몰아치는
5. season — 계절
6. second — 두 번째
7. fifteenth — 열다섯 번째
8. weekend — 주말
9. never — 결코 ~않다
10. freezing — 너무나 추운
11. sled — 썰매
12. holiday — 휴일, 휴가

B 다음 우리말 뜻에 맞는 영단어를 쓰세요.

1. 첫 번째 — first
2. 11월 — November
3. 지금 — now
4. 무지개 — rainbow
5. 기침 — cough
6. 한 번 — once
7. 세 번째 — third
8. 목요일 — Thursday
9. 곧 — soon
10. 쌀쌀한 — chilly
11. 추수하다 — harvest
12. 번개 — lightning

C 그림을 보고 알맞은 단어에 동그라미 하세요.

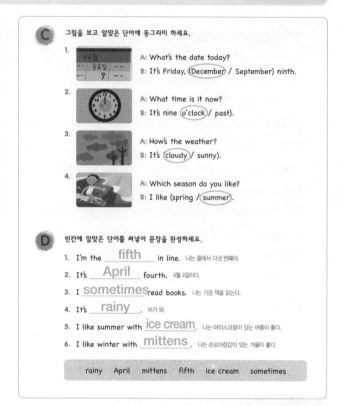

1. A: What's the date today?
   B: It's Friday, (December / September) ninth.

2. A: What time is it now?
   B: It's nine (o'clock / past).

3. A: How's the weather?
   B: It's (cloudy / sunny).

4. A: Which season do you like?
   B: I like (spring / summer).

D 빈칸에 알맞은 단어를 써넣어 문장을 완성하세요.

1. I'm the fifth in line. 나는 줄에서 다섯 번째야.
2. It's April fourth. 4월 4일이다.
3. I sometimes read books. 나는 가끔 책을 읽는다.
4. It's rainy. 비가 와.
5. I like summer with ice cream. 나는 아이스크림이 있는 여름이 좋다.
6. I like winter with mittens. 나는 손모아장갑이 있는 겨울이 좋다.

rainy April mittens fifth ice cream sometimes

STEP 3 문장 챈트 따라 말하기 ▶ 본책 121쪽

My favorite sport is baseball and basketball.
Throw the ball!

My favorite sport is soccer and football.
Kick the ball!

My favorite sport is volleyball and dodgeball.
Catch the ball!

My favorite sport is badminton and tennis.

I practice marathon every day.

I practice ping pong and bowling every day.

Can I win the match? Or lose the match?

내가 가장 좋아하는 운동은 야구와 농구예요.
공을 던져요!

내가 가장 좋아하는 운동은 축구예요.
공을 차요!

내가 가장 좋아하는 운동은 배구와 피구예요.
공을 잡아요!

내가 가장 좋아하는 운동은 배드민턴과 테니스예요.

나는 매일 마라톤을 연습해요.

나는 매일 탁구와 볼링을 연습해요.

내가 시합에서 이길 수 있을까요? 아니면 시합에서 질까요?

문제로 익히기 정답 ▶ 본책 122-123쪽

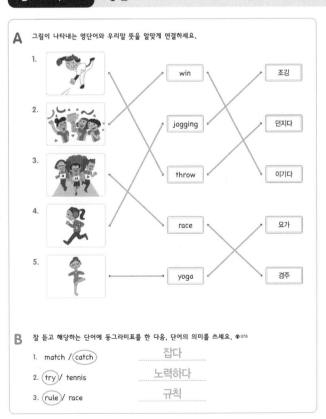

A 그림이 나타내는 영단어와 우리말 뜻을 알맞게 연결하세요.

1.

win · · 조깅

2.

jogging · · 던지다

3.

throw · · 이기다

4.

race · · 요가

5.

yoga · · 경주

B 잘 듣고 해당하는 단어에 동그라미표를 한 다음, 단어의 의미를 쓰세요. 078

1. match / (catch)   잡다

2. (try) / tennis   노력하다

3. (rule) / race   규칙

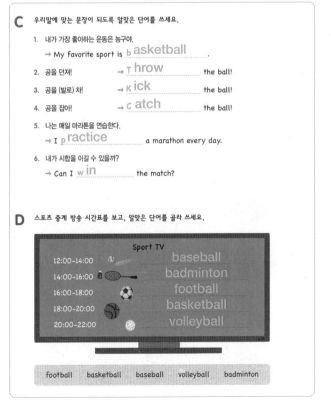

C 우리말에 맞는 문장이 되도록 알맞은 단어를 쓰세요.

1. 내가 가장 좋아하는 운동은 농구야.
   → My favorite sport is b asketball .

2. 공을 던져! → T hrow   the ball!

3. 공을 (발로) 차! → K ick   the ball!

4. 공을 잡아! → c atch   the ball!

5. 나는 매일 마라톤을 연습한다.
   → I p ractice   a marathon every day.

6. 내가 시합을 이길 수 있을까?
   → Can I w in   the match?

D 스포츠 중계 방송 시간표를 보고, 알맞은 단어를 골라 쓰세요.

Sport TV
12:00-14:00   baseball
14:00-16:00   badminton
16:00-18:00   football
18:00-20:00   basketball
20:00-22:00   volleyball

football   basketball   baseball   volleyball   badminton

31

| STEP 3 | 문장 챈트 따라 말하기 | ▶ 본책 125쪽 |

How does this apple and grape taste? Yummy!

How does this peach and pear taste? Yummy!

How does this strawberry and watermelon taste? Yummy!

How does this bread and butter taste? Yummy!

How does this corn and egg taste? Yummy!

How does this cookie and tea taste? Yummy!

How does this beef and meat taste? Yummy!

How does this potato and sugar taste? Yummy!

이 사과와 포도는 맛이 어때요? 맛있어요!

이 복숭아와 배는 맛이 어때요? 맛있어요!

이 딸기와 수박은 맛이 어때요? 맛있어요!

이 빵과 버터는 맛이 어때요? 맛있어요!

이 옥수수와 계란은 맛이 어때요? 맛있어요!

이 쿠키와 차는 맛이 어때요? 맛있어요!

이 소고기와 고기는 맛이 어때요? 맛있어요!

이 감자와 설탕은 맛이 어때요? 맛있어요!

| 문제로 익히기 | 정답 | ▶ 본책 126-127쪽 |

A 그림이 나타내는 영단어와 우리말 뜻을 알맞게 연결하세요.

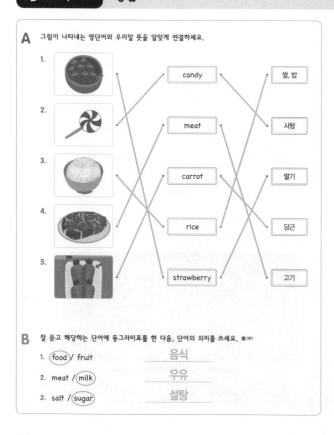

B 잘 듣고 해당하는 단어에 동그라미표를 한 다음, 단어의 의미를 쓰세요. ⓐ081

1. (food) / fruit _____ 음식
2. meat / (milk) _____ 우유
3. salt / (sugar) _____ 설탕

C 우리말에 맞는 문장이 되도록 알맞은 단어를 고르세요.

1. 이 포도는 맛이 어때?
   → How does this (grape) / apple) taste?
2. 이 배는 맛이 어때?
   → How does this (peach / (pear)) taste?
3. 이 빵은 맛이 어때?
   → How does this (bread) / butter) taste?
4. 이 옥수수는 맛이 어때?
   → How does this (corn) / egg) taste?
5. 이 쿠키는 맛이 어때?
   → How does this (cookie) / tea) taste?
6. 이 감자는 맛이 어때?
   → How does this (potato) / sugar) taste?

D 주어진 단어들을 관련 있는 칸에 옮겨 쓰세요.

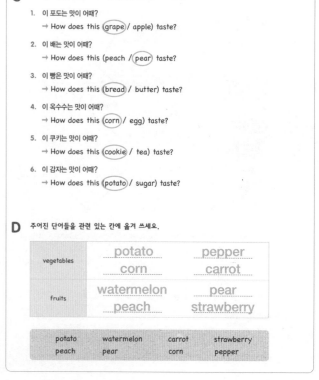

▶ 본책 129쪽

STEP 3 문장 챈트 따라 말하기

Is it your belt? Yes, it's my belt.

Is it your boot? Yes, it's my boot.

Is it your button? Yes, it's my button.

Is it your cap? No, that's not my cap.

Is it your ring? No, that's not my ring.

Is it your sweater? No, that's not my sweater.

Is it your blouse? No, that's not my blouse.

Is it your necklace? No, that's not my necklace.

이건 네 허리띠니? 응, 그건 내 허리띠야.

이건 네 장화니? 응, 그건 내 장화야.

이건 네 단추니? 응, 그건 내 단추야.

이건 네 모자니? 아니, 그건 내 모자가 아니야.

이건 네 반지니? 아니, 그건 내 반지가 아니야.

이건 네 스웨터니? 아니, 그건 내 스웨터가 아니야.

이건 네 블라우스니? 아니, 그건 내 블라우스가 아니야.

이건 네 목걸이니? 아니, 그건 내 목걸이가 아니야.

문제로 익히기 정답

▶ 본책 130-131쪽

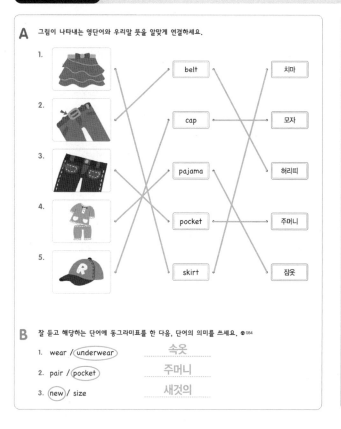

A 그림이 나타내는 영단어와 우리말 뜻을 알맞게 연결하세요.

1. — skirt — 치마
2. — belt — 허리띠
3. — pajama — 잠옷
4. — pocket — 주머니
5. — cap — 모자

B 잘 듣고 해당하는 단어에 동그라미표를 한 다음, 단어의 의미를 쓰세요. ⊕084

1. wear / (underwear) 속옷
2. pair / (pocket) 주머니
3. (new) / size 새것의

C 우리말에 맞는 문장이 되도록 알맞은 단어를 쓰세요.

1. 이것이 네 장화 한 짝이니? → Is it your b oot ?
2. 이것이 네 단추니? → Is it your b utton ?
3. 이것이 네 반지니? → Is it your r ing ?
4. 이것이 네 스웨터니? → Is it your s weater ?
5. 이것이 네 블라우스니? → Is it your b louse ?
6. 이것이 네 목걸이니? → Is it your n ecklace ?

D 세미가 옷을 입는 순서에 맞게 빈칸에 알맞은 단어를 쓰세요.

1. Semi wears her pants .
2. Semi wears her sweater .
3. Semi wears her socks .
4. Semi wears her hat .
5. Semi wears her sneakers .

> hat
> pants
> sweater
> sneakers
> socks

Do you want to be an actor? I want to be a singer.

Do you want to be a dentist? I want to be a vet.

Do you want to be a police officer?
I want to be a firefighter.

Do you want to be an entertainer?
I want to be an actress.

Do you want to be a model? I want to be a nurse.

I hope to be a chef. I wish to have that job.

I hope to be the president. I wish to have that job.

너는 배우가 되고 싶니? 나는 가수가 되고 싶어요.

너는 치과 의사가 되고 싶니? 나는 수의사가 되고 싶어요.

너는 경찰관이 되고 싶니?
나는 소방관이 되고 싶어요.

너는 연예인이 되고 싶니?
나는 배우가 되고 싶어요.

너는 모델이 되고 싶니? 나는 간호사가 되고 싶어요.

나는 요리사가 되고 싶어요. 나는 그 직업을 가지고
싶어요.

나는 대통령이 되고 싶어요. 나는 그 직업을 가지고
싶어요.

문제로 익히기 정답 ▶ 본책 134-135쪽

A 그림이 나타내는 영단어와 우리말 뜻을 알맞게 연결하세요.

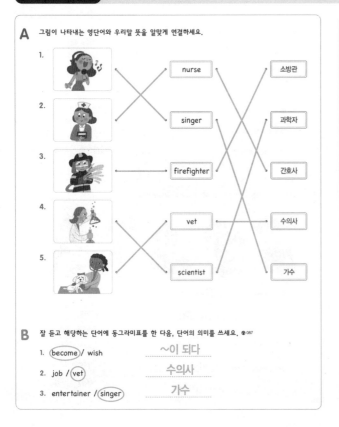

1. nurse — 소방관
2. singer — 과학자
3. firefighter — 간호사
4. vet — 수의사
5. scientist — 가수

B 잘 듣고 해당하는 단어에 동그라미표를 한 다음, 단어의 의미를 쓰세요. 087

1. (become) / wish   ~이 되다
2. job / (vet)   수의사
3. entertainer / (singer)   가수

C 우리말에 맞는 문장이 되도록 알맞은 단어를 고르세요.

1. 넌 배우가 되고 싶니? → Do you want to be an ((actor) / entertainer)?
2. 난 수의사가 되고 싶어. → I want to be a ((vet) / king).
3. 나는 소방관이 되고 싶어. → I want to be a ((firefighter) / police officer).
4. 나는 요리사가 되고 싶어. → I hope to be a ((chef) / queen).
5. 나는 그 직업을 갖고 싶어. → I wish to have that ((job) / sing).
6. 나는 대통령이 되고 싶어. → I hope to be the ((president) / actress).

D 우리말 뜻에 해당하는 영단어를 쓰고, 퍼즐에서 찾아 동그라미 하세요.

| H F I C D F X G U M |
| O O D Q O J T D B A |
| F Y P M C O N M P S |
| D U J E T O S R B T |
| B E Q L O P I Z V A |
| N F N L R N S B Z C |
| Z W A T C M O D E L |
| E W C E I Z I L I D |
| L S T F P S S Z B F |
| U K B P T L T J P C |

1. 연기하다 a ct
2. 의사 d octor
3. 치과의사 d entist
4. 바라다 h ope
5. 모델 m odel
6. 왕자 p rince

STEP 3　문장 챈트 따라 말하기

▶ 본책 137쪽

An airplane flies. An airplane flies from the airport.

An airplane is faster than a train.

A train is slower than an airplane.

An airplane is quicker than a car.

My father drives a car.
He is able to drive a car well.

A ship is bigger than a boat.

A boat is more dangerous than a ship.

Subway is slower than a train.

비행기가 날아가요. 비행기가 공항으로부터 날아가요.

비행기는 기차보다 빨라요.

기차는 비행기보다 느려요.

비행기는 자동차보다 빨라요.

우리 아버지는 자동차를 운전해요.
그는 차를 잘 운전할 수 있어요.

배는 보트보다 커요.

보트는 배보다 위험해요.

지하철은 기차보다 느려요.

문제로 익히기　정답

▶ 본책 138-139쪽

A 그림이 나타내는 영단어와 우리말 뜻을 알맞게 연결하세요.

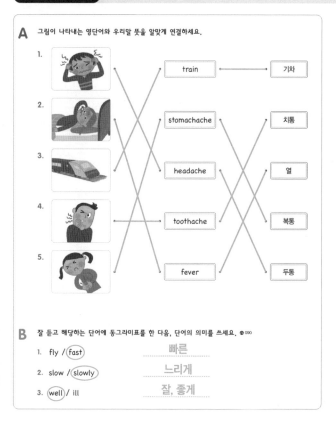

B 잘 듣고 해당하는 단어에 동그라미표를 한 다음, 단어의 의미를 쓰세요. ⑩ 090

1. fly /(fast)　　빠른
2. slow /(slowly)　　느리게
3. (well)/ ill　　잘, 좋게

C 우리말에 맞는 문장이 되도록 알맞은 단어를 쓰세요.

1. 비행기가 난다.
   → An airplane flies.

2. 비행기는 자동차보다 빠르다.
   → An airplane is faster than a car.

3. 아빠는 자동차를 운전하신다.
   → My father drives a car.

4. 배는 보트보다 크다.
   → A ship is bigger than a boat.

5. 보트는 배보다 더 위험하다.
   → A boat is more dangerous than a ship.

6. 지하철은 기차보다 느리다.
   → A subway is slower than a train.

D 각 장소에 어울리는 단어를 골라 쓰세요.

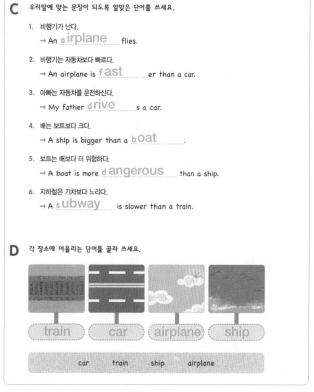

car　train　ship　airplane

35

A 다음 단어의 우리말 뜻을 쓰세요.

1. baseball 야구
2. beef 소고기
3. button 단추
4. become ~이 되다
5. airport 공항
6. marathon 마라톤
7. volleyball 배구
8. corn 옥수수
9. wear 입다
10. vet 수의사
11. dangerous 위험한
12. fruit 과일

B 다음 우리말 뜻에 맞는 영단어를 쓰세요.

1. 연습하다 practice
2. 설탕 sugar
3. 새것의 new
4. 간호사 nurse
5. 느린 slow
6. 바지 pants
7. 잡다 catch
8. 채소, 야채 vegetable
9. 잠옷 pajama
10. 요리사 chef
11. 두통 headache
12. 연예인 entertainer

C 그림을 보고 알맞은 단어에 동그라미 하세요.

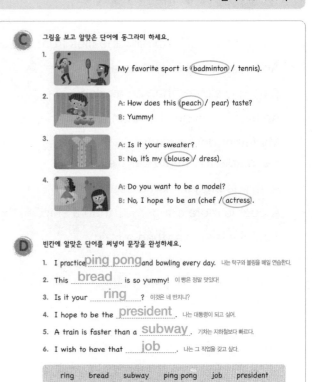

1. My favorite sport is (badminton) / tennis).
2. A: How does this ((peach) / pear) taste?
   B: Yummy!
3. A: Is it your sweater?
   B: No, it's my ((blouse) / dress).
4. A: Do you want to be a model?
   B: No, I hope to be an (chef / (actress)).

D 빈칸에 알맞은 단어를 써넣어 문장을 완성하세요.

1. I practice ping pong and bowling every day. 나는 탁구와 볼링을 매일 연습한다.
2. This bread is so yummy! 이 빵은 정말 맛있다!
3. Is it your ring ? 이것은 네 반지니?
4. I hope to be the president 나는 대통령이 되고 싶어.
5. A train is faster than a subway 기차는 지하철보다 빠르다.
6. I wish to have that job 나는 그 직업을 갖고 싶다.

ring   bread   subway   ping pong   job   president

STEP 3 문장 챈트 따라 말하기 ▶ 본책 143쪽

Hey, let's go to the park in this neighborhood.

Good idea! Let's meet at the bank.

Hey, let's go to the department store in this neighborhood.

Good idea! Let's meet at the hospital.

Hey, let's go to the theater in this neighborhood.

Good idea! Let's meet at the cafe.

Hey, let's go to the market in this neighborhood.

Good idea! Let's meet at the church.

얘, 이 근처에 있는 공원에 가자.

좋은 생각이야! 은행에서 만나자.

얘, 이 근처에 있는 백화점에 가자.

좋은 생각이야! 병원에서 만나자.

얘, 이 근처에 있는 극장에 가자.

좋은 생각이야! 카페에서 만나자.

얘, 이 근처에 있는 시장에 가자.

좋은 생각이야! 교회에서 만나자.

문제로 익히기 정답 ▶ 본책 144-145쪽

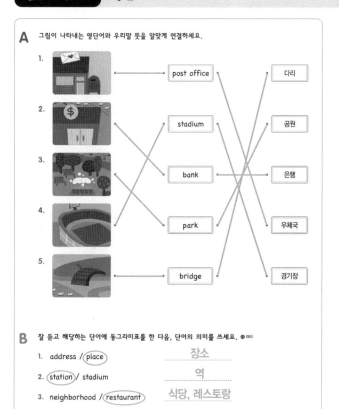

A 그림이 나타내는 영단어와 우리말 뜻을 알맞게 연결하세요.

1. post office — 우체국
2. bank — 은행
3. park — 공원
4. stadium — 경기장
5. bridge — 다리

B 잘 듣고 해당하는 단어에 동그라미표를 한 다음, 단어의 의미를 쓰세요. @093

1. address /(place) — 장소
2. (station)/ stadium — 역
3. neighborhood /(restaurant) — 식당, 레스토랑

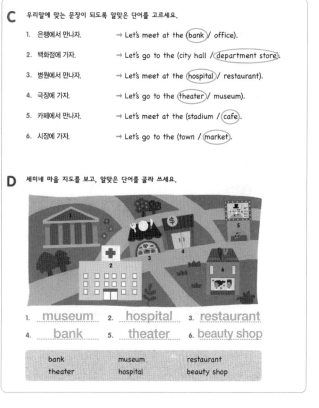

C 우리말에 맞는 문장이 되도록 알맞은 단어를 고르세요.

1. 은행에서 만나자. → Let's meet at the (bank / office).
2. 백화점에 가자. → Let's go to the (city hall / department store).
3. 병원에서 만나자. → Let's meet at the (hospital / restaurant).
4. 극장에 가자. → Let's go to the (theater / museum).
5. 카페에서 만나자. → Let's meet at the (stadium / cafe).
6. 시장에 가자. → Let's go to the (town / market).

D 세미네 마을 지도를 보고, 알맞은 단어를 골라 쓰세요.

1. museum   2. hospital   3. restaurant
4. bank   5. theater   6. beauty shop

| bank | museum | restaurant |
| theater | hospital | beauty shop |

▶ 본책 147쪽

STEP 3	문장 챈트 따라 말하기

Do you like blue? Yes, I like blue and black.
Do you like white? Yes, I like white and green.
Do you like yellow? Yes, I like yellow and pink.
Do you like purple? No, I don't like it. I like gray.
Is this a gold square? No, this is a gold circle.
Is this a black rectangle? No, this is a black cone.
Is this a pink circle? No, this is a pink triangle.
Is this a red cone? Yes! A red cone!

파란색을 좋아하나요?
네, 나는 파란색과 검은색을 좋아해요.
흰색을 좋아하나요? 네, 나는 흰색과 초록색을 좋아해요.
노란색을 좋아하나요?
네, 나는 노란색과 분홍색을 좋아해요.
보라색을 좋아하나요? 아니요, 그건 좋아하지 않아요.
나는 회색을 좋아해요.
이것은 금색 정사각형인가요?
아뇨, 이것은 금색 동그라미예요.
이것은 검은색 직사각형인가요?
아니요, 이것은 검은색 원뿔이에요.
이것은 분홍색 동그라미인가요?
아니요, 이것은 분홍색 삼각형이에요.
이것은 빨간색 원뿔인가요? 네! 빨간색 원뿔이에요!

문제로 익히기	정답

▶ 본책 148-149쪽

A 그림이 나타내는 영단어와 우리말 뜻을 알맞게 연결하세요.

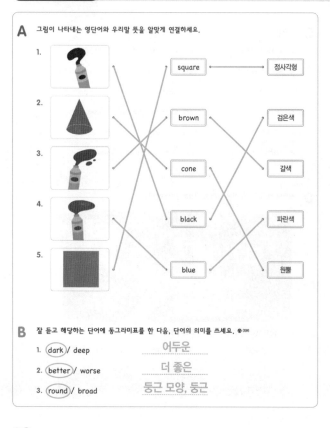

square	정사각형
brown	검은색
cone	갈색
black	파란색
blue	원뿔

B 잘 듣고 해당하는 단어에 동그라미표를 한 다음, 단어의 의미를 쓰세요.
1. (dark) / deep   어두운
2. (better) / worse   더 좋은
3. (round) / broad   둥근 모양, 둥근

C 우리말에 맞는 문장이 되도록 알맞은 단어를 쓰세요.
1. 너 흰색 좋아해? → Do you like white ?
2. 너 노란색 좋아해? → Do you like yellow ?
3. 너 보라색 좋아해? → Do you like purple ?
4. 이것은 검은색 직사각형이야? → Is this a black rectangle ?
5. 이것은 분홍색 원이야? → Is this a pink circle ?
6. 이것은 빨간색 원뿔이야? → Is this a red cone ?

D 방에 있는 물건들의 모양을 보고, 알맞은 단어를 골라 쓰세요.

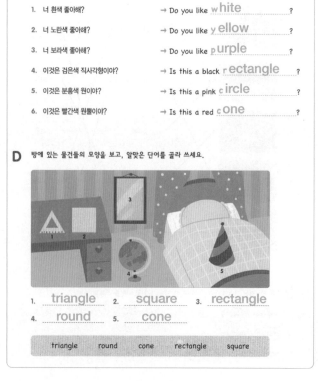

1. triangle 2. square 3. rectangle
4. round 5. cone

| triangle | round | cone | rectangle | square |

STEP 3   문장 챈트 따라 말하기   ▶ 본책 151쪽

Hello, hello, hello, how are you?

I'm fine. I'm fine. Nice to meet you!

Hi, hi, hi, how are you?

I'm okay. I'm okay. Good afternoon.

Excuse me, excuse me. I'm sorry, I'm sorry.

No problem, no problem.

Thanks, thanks, thank you!

Bye, bye, bye. See you again. See you again.

안녕, 안녕, 안녕, 어떻게 지내니?

나는 좋아. 나는 좋아. 만나서 반가워!

안녕, 안녕, 안녕, 어떻게 지내니?

나는 좋아. 나는 좋아. 즐거운 오후구나.

실례합니다, 실례합니다. 미안해요, 미안해요.

괜찮아요, 문제없어요.

고마워요, 고마워요, 고마워요!

안녕, 안녕, 안녕. 또 만나요. 또 만나요.

문제로 익히기   정답   ▶ 본책 152-153쪽

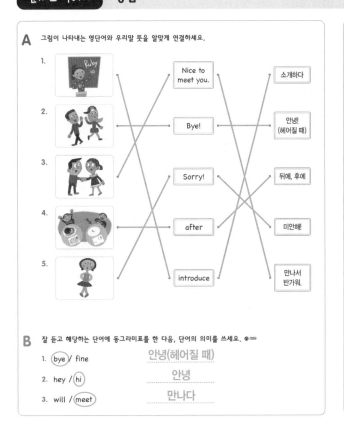

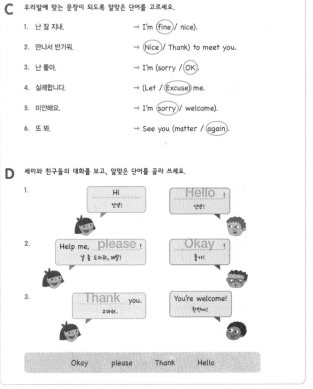

39

STEP 3 문장 챈트 따라 말하기 ▶ 본책 155쪽

Is it far from here? It's not far from here.

Go straight, straight. Go east, east.

Go west, west. Go south, south. Go north, north.

Go down the street. Go up the street.

Turn left, left. Turn right, right.

Turn left at the corner. Turn right at the corner.

There is a store on the corner.

It's on your left. It's on your right.

그곳은 여기서 먼가요? 그곳은 여기서 멀지 않아요.

곧장 쭉 가세요. 동쪽으로 가세요.

서쪽으로 가세요. 남쪽으로 가세요. 북쪽으로 가세요.

길을 따라 내려가세요. 길을 따라 올라가세요.

왼쪽으로 도세요. 오른쪽으로 도세요.

모퉁이에서 왼쪽으로 도세요. 모퉁이에서 오른쪽으로 도세요.

저 모퉁이에 가게가 있어요.

당신의 왼쪽에 있어요. 당신의 오른쪽에 있어요.

문제로 익히기 정답 ▶ 본책 156-157쪽

A 그림이 나타내는 영단어와 우리말 뜻을 알맞게 연결하세요.

1. front — 앞쪽
2. side — 옆, 측면
3. pass — 통과하다
4. hurry — 서두르다
5. map — 지도

B 잘 듣고 해당하는 단어에 동그라미표를 한 다음, 단어의 의미를 쓰세요. ⓜ 102

1. (anyway) / away — 어쨌든
2. next / (north) — 북쪽
3. (near) / way — 가까이

C 우리말에 맞는 문장이 되도록 알맞은 단어를 쓰세요.

1. 거기는 여기서 멀어. → It's **far** from here.
2. 곧장 가. → Go s**traight**.
3. 왼쪽으로 돌아. → T**urn** left.
4. 모퉁이에서 오른쪽으로 돌아. → Turn r**ight** at the corner.
5. 서쪽으로 가. → Go w**est**.
6. 모퉁이에 가게가 있어. → There is a store on the c**orner**.

D 지도를 보고, 빈칸에 알맞은 단어를 골라 쓰세요.

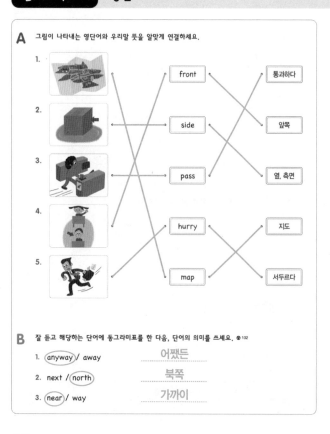 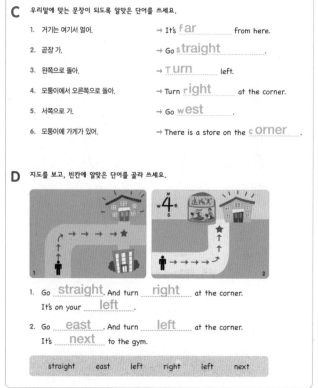

1. Go **straight**. And turn **right** at the corner.
   It's on your **left**.
2. Go **east**. And turn **left** at the corner.
   It's **next** to the gym.

| straight | east | left | right | left | next |

STEP 3 문장 챈트 따라 말하기

▶ 본책 159쪽

I'm able to run fast. I'm able to walk fast.

I'm able to cut it myself. I'm able to drop it myself.

I'm able to speak in English.

I'm able to understand it.

I'm able to smell it. I'm able to move it.

I'm able to push it. I'm able to pull it.

I'm able to see it. I'm able to say it.

I'm able to throw it. I'm able to stop it.

나는 빨리 달릴 수 있어요. 나는 빨리 걸을 수 있어요.

나는 스스로 그것을 자를 수 있어요.

나는 스스로 그것을 떨어뜨릴 수 있어요.

나는 영어로 말할 수 있어요.

나는 그것을 이해할 수 있어요.

나는 그 냄새를 맡을 수 있어요.

나는 그것을 움직일 수 있어요.

나는 그것을 밀 수 있어요. 나는 그것을 당길 수 있어요.

나는 그것을 볼 수 있어요. 나는 그것을 말할 수 있어요.

나는 그것을 던질 수 있어요. 나는 그것을 멈출 수 있어요.

문제로 익히기 정답

▶ 본책 160-161쪽

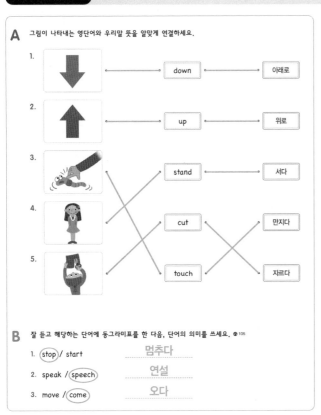

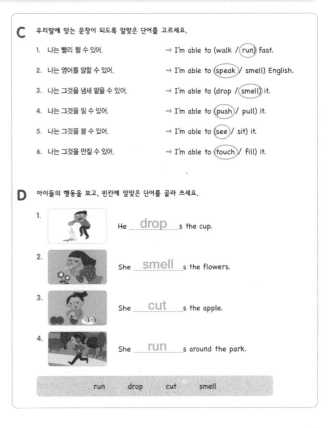

A 그림이 나타내는 영단어와 우리말 뜻을 알맞게 연결하세요.

1. down ─ 아래로
2. up ─ 위로
3. stand ─ 서다
4. cut ─ 만지다
5. touch ─ 자르다

B 잘 듣고 해당하는 단어에 동그라미표를 한 다음, 단어의 의미를 쓰세요. ⓐ 105

1. (stop) / start   멈추다
2. speak / (speech)   연설
3. move / (come)   오다

C 우리말에 맞는 문장이 되도록 알맞은 단어를 고르세요.

1. 나는 빨리 뛸 수 있어.   → I'm able to (walk / (run)) fast.
2. 나는 영어를 말할 수 있어.   → I'm able to ((speak) / smell) English.
3. 나는 그것을 냄새 맡을 수 있어.   → I'm able to (drop / (smell)) it.
4. 나는 그것을 밀 수 있어.   → I'm able to ((push) / pull) it.
5. 나는 그것을 볼 수 있어.   → I'm able to ((see) / sit) it.
6. 나는 그것을 만질 수 있어.   → I'm able to ((touch) / fill) it.

D 아이들의 행동을 보고, 빈칸에 알맞은 단어를 골라 쓰세요.

1. He __drop__ s the cup.
2. She __smell__ s the flowers.
3. She __cut__ s the apple.
4. She __run__ s around the park.

run   drop   cut   smell

▶ 본책 162-163쪽

A 다음 단어의 우리말 뜻을 쓰세요.

1. address — 주소
2. color — 색깔
3. before — 전에, 앞에
4. corner — 모퉁이, 모서리
5. come — 오다
6. restaurant — 식당, 레스토랑
7. bridge — 다리
8. shape — 모양, 형태
9. stop — 멈추다
10. straight — 똑바로, 곧장
11. say — 말하다
12. better — 더 좋은

B 다음 우리말 뜻에 맞는 영단어를 쓰세요.

1. 박물관 — museum
2. 어두운 — dark
3. 뒤에, 후에 — after
4. 돌다 — turn
5. 당기다 — pull
6. 서두르다 — hurry
7. 사무실 — office
8. 깊은 — deep
9. 소개하다 — introduce
10. 지도 — map
11. 움직이다 — move
12. 장소 — place

C 그림을 보고 알맞은 단어에 동그라미 하세요.

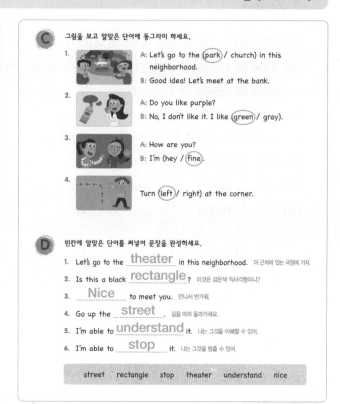

1. A: Let's go to the (park / church) in this neighborhood.
   B: Good idea! Let's meet at the bank.
2. A: Do you like purple?
   B: No, I don't like it. I like (green / gray).
3. A: How are you?
   B: I'm (hey / fine).
4. Turn (left / right) at the corner.

D 빈칸에 알맞은 단어를 써넣어 문장을 완성하세요.

1. Let's go to the theater in this neighborhood. 이 근처에 있는 극장에 가자.
2. Is this a black rectangle? 이것은 검은색 직사각형이니?
3. Nice to meet you. 만나서 반가워
4. Go up the street. 길을 따라 올라가세요
5. I'm able to understand it. 나는 그것을 이해할 수 있어.
6. I'm able to stop it. 나는 그것을 멈출 수 있어.

street rectangle stop theater understand nice

STEP 3 문장 챈트 따라 말하기 ▶ 본책 165쪽

Paul is between you and me.	폴은 너와 나의 사이에 있어.
The store is by the station.	그 가게는 역 옆에 있어.
The store is next to the station.	그 가게는 역 다음에 있어.
The store is off the city.	그 가게는 도시에서 멀리 있어.
The store is in front of the station.	그 가게는 역 앞에 있어.
The store is inside the building.	그 가게는 건물 안에 있어.
The book is under the desk.	그 책은 책상 아래에 있어.
The rainbow is over the bridge.	그 무지개는 다리 위에 있어.
The rainbow moves from the top to the bottom.	그 무지개는 꼭대기에서 바닥으로 움직여.

문제로 익히기 정답 ▶ 본책 166-167쪽

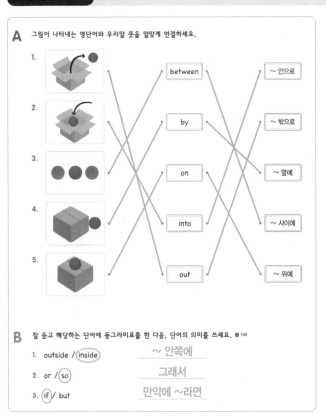

A 그림이 나타내는 영단어와 우리말 뜻을 알맞게 연결하세요.

1.
2.
3.
4.
5.

between ~ 안으로
by ~ 밖으로
on ~ 옆에
into ~ 사이에
out ~ 위에

B 잘 듣고 해당하는 단어에 동그라미표를 한 다음, 단어의 의미를 쓰세요. ⓐ 108

1. outside /(inside)   ~ 안쪽에
2. or /(so)   그래서
3. (if)/ but   만약에 ~라면

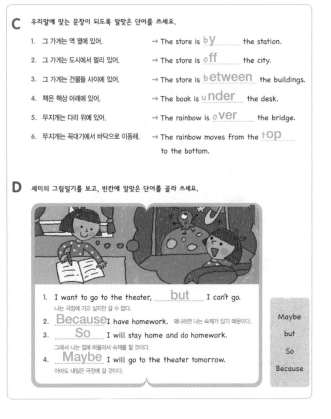

C 우리말에 맞는 문장이 되도록 알맞은 단어를 쓰세요.

1. 그 가게는 역 옆에 있어.   → The store is by the station.
2. 그 가게는 도시에서 멀리 있어.   → The store is off the city.
3. 그 가게는 건물들 사이에 있어.   → The store is between the buildings.
4. 책은 책상 아래에 있어.   → The book is under the desk.
5. 무지개는 다리 위에 있어.   → The rainbow is over the bridge.
6. 무지개는 꼭대기에서 바닥으로 이동해.   → The rainbow moves from the top to the bottom.

D 세미의 그림일기를 보고, 빈칸에 알맞은 단어를 골라 쓰세요.

1. I want to go to the theater, __but__ I can't go.
   나는 극장에 가고 싶지만 갈 수 없다.
2. __Because__ I have homework. 왜냐하면 나는 숙제가 있기 때문이다.
3. __So__ I will stay home and do homework.
   그래서 나는 집에 머물러서 숙제를 할 것이다.
4. __Maybe__ I will go to the theater tomorrow.
   아마도 내일 극장에 갈 것이다.

Maybe
but
So
Because

DAY 37 Anything will be OK. 어떤 것이든 괜찮을 거야.

▶ 본책 169쪽

STEP 3 문장 챈트 따라 말하기

Anything will be OK. Anything.

All the things will be OK. All the things.

Both of them will be OK. Both of them.

Everything will be OK. Everything.

Everyone will be OK. Everyone.

Most of them will be OK. Most of them.

Other things will be OK. Other things.

어떤 것이든 괜찮을 거예요. 어떤 것이든.

모든 것들이 괜찮을 거예요. 모든 것들이.

그들 둘 다 괜찮을 거예요. 그들 둘 다.

모든 것이 괜찮을 거예요. 모든 것이.

모든 이들이 괜찮을 거예요. 모든 이들이.

그들 대부분이 괜찮을 거예요. 그들 대부분이.

다른 것들은 괜찮을 거예요. 다른 것들은.

문제로 익히기 정답

▶ 본책 170-171쪽

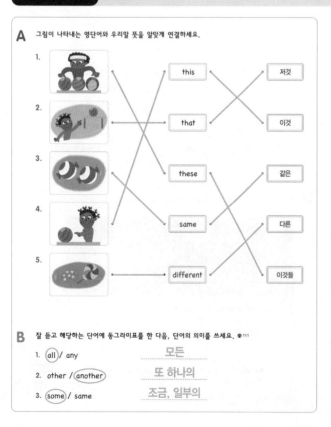

A 그림이 나타내는 영단어와 우리말 뜻을 알맞게 연결하세요.

1. this — 저것
2. that — 이것
3. these — 같은
4. same — 다른
5. different — 이것들

B 잘 듣고 해당하는 단어에 동그라미표를 한 다음, 단어의 의미를 쓰세요. ⊕111

1. (all) / any — 모든
2. other / (another) — 또 하나의
3. (some) / same — 조금, 일부의

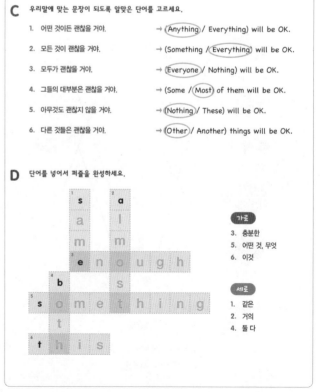

C 우리말에 맞는 문장이 되도록 알맞은 단어를 고르세요.

1. 어떤 것이든 괜찮을 거야. → (Anything / Everything) will be OK.
2. 모든 것이 괜찮을 거야. → (Something / (Everything)) will be OK.
3. 모두가 괜찮을 거야. → (Everyone / Nothing) will be OK.
4. 그들의 대부분은 괜찮을 거야. → (Some / (Most)) of them will be OK.
5. 아무것도 괜찮지 않을 거야. → (Nothing / These) will be OK.
6. 다른 것들은 괜찮을 거야. → (Other) / Another) things will be OK.

D 단어를 넣어서 퍼즐을 완성하세요.

가로
3. 충분한
5. 어떤 것, 무엇
6. 이것

세로
1. 같은
2. 거의
4. 둘 다

STEP 3 문장 챈트 따라 말하기 ▶ 본책 173쪽

How about going to the zoo? Good!

Bear, deer, dolphin, elephant, fox, horse, wolf, zebra!

How about going to the zoo? Good!

Bat, bee, giraffe, sheep, spider!

How about going to the zoo? Good!

Duck, tiger, hen, lion, pig, snake!

How about going to the zoo?

동물원에 갈래? 좋아!

곰, 사슴, 돌고래, 코끼리, 여우, 말, 늑대, 얼룩말!

동물원에 갈래? 좋아!

박쥐, 벌, 기린, 양, 거미!

동물원에 갈래? 좋아!

오리, 호랑이, 암탉, 사자, 돼지, 뱀!

동물원에 갈래?

문제로 익히기 정답 ▶ 본책 174-175쪽

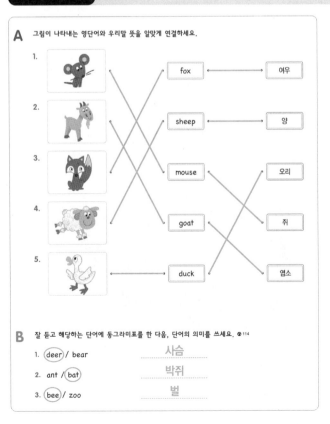

A 그림이 나타내는 영단어와 우리말 뜻을 알맞게 연결하세요.

1. [mouse] - 쥐
2. [goat] - 염소
3. [fox] - 여우
4. [sheep] - 양
5. [duck] - 오리

B 잘 듣고 해당하는 단어에 동그라미표를 한 다음, 단어의 의미를 쓰세요. ⓓ114

1. (deer) / bear   사슴
2. ant / (bat)   박쥐
3. (bee) / zoo   벌

C 우리말에 맞는 문장이 되도록 알맞은 단어를 쓰세요.

1. 동물원에 갈래? → How about going to the zoo ?
2. 동물 보러 갈래? → How about going to see a nimal s?
3. 돌고래 보러 갈래? → How about going to see a dolphin ?
4. 기린 보러 갈래? → How about going to see a giraffe ?
5. 사자 보러 갈래? → How about going to see a lion ?
6. 뱀 보러 갈래? → How about going to see a snake ?

D 동물원 지도를 보고, 알맞은 단어를 골라 쓰세요.

1. horse 2. bear 3. deer
4. tiger 5. elephant 6. zebra

elephant   zebra   tiger   deer   bear   horse

| STEP 3 | 문장 챈트 따라 말하기 | ▶ 본책 177쪽 |

How can you buy a thing in the market?
First, count it! Then put it into your cart.
How can you buy a thing in the market?
First, weigh it! Then stand in line!
How can you buy a thing in the market?
First, pick out your wallet! Then pay for it!
Wow, that's expensive! That's cheap!

시장에서 물건을 어떻게 살 수 있나요?
먼저 계산을 해요! 그런 다음 그것을 카트에 넣으세요.
시장에서 물건을 어떻게 살 수 있나요?
먼저 무게를 달아요! 그런 다음 줄을 서세요!
시장에서 물건을 어떻게 살 수 있나요?
먼저 지갑을 꺼내요! 그런 다음 물건값을 내요!
와, 그건 비싸군요! 그건 싸네요!

| 문제로 익히기 정답 | ▶ 본책 178-179쪽 |

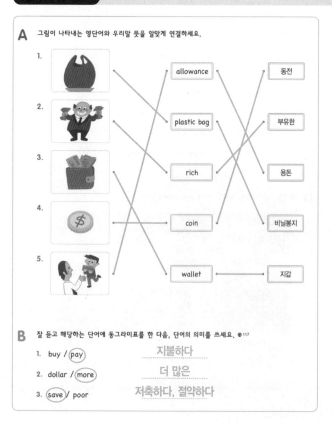

A 그림이 나타내는 영단어와 우리말 뜻을 알맞게 연결하세요.

1.
2.
3.
4.
5.

allowance — 동전
plastic bag — 부유한
rich — 용돈
coin — 비닐봉지
wallet — 지갑

B 잘 듣고 해당하는 단어에 동그라미표를 한 다음, 단어의 의미를 쓰세요. ⑳117

1. buy / (pay)   지불하다
2. dollar / (more)   더 많은
3. (save) / poor   저축하다, 절약하다

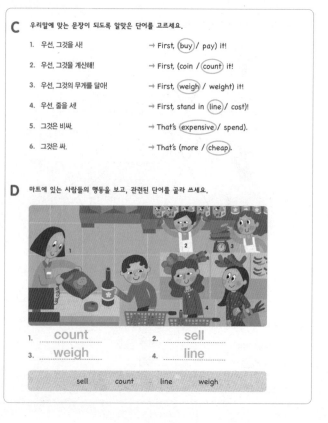

C 우리말에 맞는 문장이 되도록 알맞은 단어를 고르세요.

1. 우선, 그것을 사!   → First, (buy) / pay) it!
2. 우선, 그것을 계산해!   → First, (coin / (count) it!
3. 우선, 그것의 무게를 달아!   → First, (weigh) / weight) it!
4. 우선, 줄을 서!   → First, stand in (line)/ cost)!
5. 그것은 비싸.   → That's (expensive) / spend).
6. 그것은 싸.   → That's (more / (cheap).

D 마트에 있는 사람들의 행동을 보고, 관련된 단어를 골라 쓰세요.

1. count   2. sell
3. weigh   4. line

| sell   count   line   weigh |

STEP 3 문장 챈트 따라 말하기

▶ 본책 181쪽

What a beautiful world it is!

What beautiful grasses and leaves they are!

What a great moon and sun they are!

What a bright star it is!

How wide the Earth is!

How deep the ocean and sea are!

How high the mountain and hill are!

How great the nature is!

세상은 너무 아름다워요!

풀과 나뭇잎은 정말 아름다워요!

달과 태양이 무척 멋져요!

별이 정말 밝아요!

지구가 정말 넓어요!

대양과 바다가 정말 깊어요!

산과 언덕이 엄청 높아요!

자연은 정말 멋져요!

문제로 익히기 정답

▶ 본책 182-183쪽

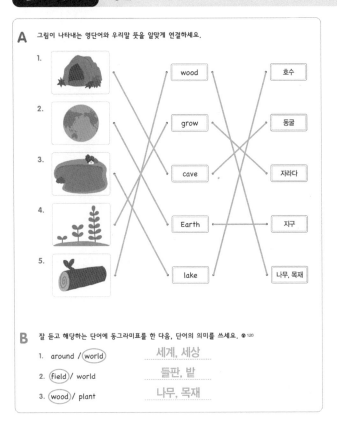

A 그림이 나타내는 영단어와 우리말 뜻을 알맞게 연결하세요.

1. wood — 호수
2. grow — 동굴
3. cave — 자라다
4. Earth — 지구
5. lake — 나무, 목재

B 잘 듣고 해당하는 단어에 동그라미표를 한 다음, 단어의 의미를 쓰세요. 🔊 120

1. around / (world)   세계, 세상
2. (field) / world   들판, 밭
3. (wood) / plant   나무, 목재

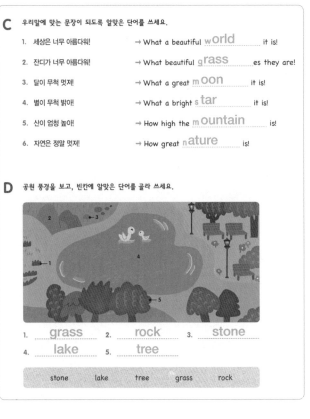

C 우리말에 맞는 문장이 되도록 알맞은 단어를 쓰세요.

1. 세상은 너무 아름다워!   → What a beautiful world it is!
2. 잔디가 너무 아름다워!   → What beautiful grasses they are!
3. 달이 무척 멋져!   → What a great moon it is!
4. 별이 무척 밝아!   → What a bright star it is!
5. 산이 엄청 높아!   → How high the mountain is!
6. 자연은 정말 멋져!   → How great nature is!

D 공원 풍경을 보고, 빈칸에 알맞은 단어를 골라 쓰세요.

1. grass   2. rock   3. stone
4. lake   5. tree

stone   lake   tree   grass   rock

A 다음 단어의 우리말 뜻을 쓰세요.

1. between	~사이에	7. outside	바깥에
2. almost	거의	8. enough	충분한
3. bat	박쥐	9. bee	벌
4. buy	사다	10. sell	팔다
5. expensive	비싼	11. spend	쓰다
6. top	맨 위, 꼭대기	12. same	같은, 동일한

B 다음 우리말 뜻에 맞는 영단어를 쓰세요.

1. 왜냐하면	because	7. 또는, 혹은	or
2. (양이) 많은	much	8. 충분한	enough
3. 여우	fox	9. 늑대	wolf
4. 부유한	rich	10. 가난한	poor
5. 지구	Earth	11. 달	moon
6. 말	horse	12. 들판	field

C 그림을 보고 알맞은 단어에 동그라미 하세요.

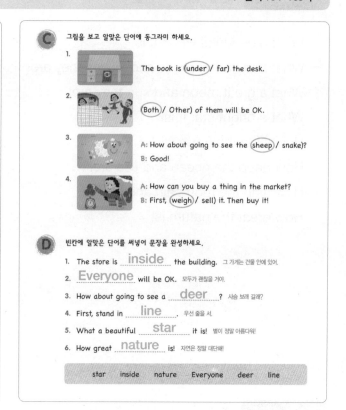

1. The book is (under)/ far) the desk.

2. (Both)/ Other) of them will be OK.

3. A: How about going to see the (sheep)/ snake)?
   B: Good!

4. A: How can you buy a thing in the market?
   B: First, (weigh)/ sell) it. Then buy it!

D 빈칸에 알맞은 단어를 써넣어 문장을 완성하세요.

1. The store is __inside__ the building. 그 가게는 건물 안에 있어.
2. __Everyone__ will be OK. 모두가 괜찮을 거야.
3. How about going to see a __deer__? 사슴 보래 갈래?
4. First, stand in __line__. 우선 줄을 서.
5. What a beautiful __star__ it is! 별이 정말 아름다워!
6. How great __nature__ is! 자연은 정말 대단해!

star	inside	nature	Everyone	deer	line

한 권으로 끝내는
주제별 초등 필수 영단어!

1 두 달 학습으로 교육부 권장 어휘 1000개 마스터!

하루에 단어 25개씩 두 달! 초등학생이 반드시 알아야 할 영단어 1000개를 완벽하게 익혀서 초등 영어의 탄탄한 기초를 세워요.

2 챈트로 외우고 그림으로 기억하는 재미있는 영단어 학습!

원어민의 정확한 발음 듣기로 한 번, 신나는 문장 챈트로 두 번! 반복해서 듣고 그림으로 확인하면 머릿속에 단어가 저절로 기억돼요.

3 배운 단어를 꼼꼼히 체크하는 확인 문제!

선 연결하기, 단어 퍼즐, 빈칸 채우기 등 다양한 문제로 그날 배운 단어를 바로 점검하고, 주간 테스트로 다시 한 번 복습해요.

스마트폰으로 QR코드를 스캔하면 음원 파일과 온라인 자료를 바로 확인할 수 있습니다.

MP3+자료

길벗스쿨 e클래스 **eclass.gilbut.co.kr**

초등 필수 영어 무작정 따라하기

초등 영어 교육과정과 밀착된 필수학습을 한 권으로 총정리해 줍니다.

| 1학년 이상(출간 예정) | 1학년 이상(출간 예정) | 1학년 이상 | 1학년 이상 | 3학년 이상 |

미국교과서 READING

문제의 차이가 영어 실력의 차이, 통합사고 논픽션 프로그램

| 초등 초급 전 3권 | 초등 초중급 전 3권 | 초등 중급 전 3권 | 출간 예정 | 출간 예정 | 초등 중급 전 2권 | 초등 중급 전 2권 | 초등 중급 전 3권 |

흥미로운 콘텐츠의 학습서

액티비티가 풍부한 유아 워크북, 노래로 배우는 영어,
디즈니 대본으로 배우는 회화표현 등 재미가 가득한 유초등 영어 학습서

| 4세 이상 | 4세 이상 | 3세 이상 | 3세 이상 | 3세 이상 | 3세 이상 | 3세 이상 |

| 2학년 이상 | 3학년 이상 | 3학년 이상 | 3학년 이상 | 3학년 이상 | 3학년 이상 | 3학년 이상 | 3학년 이상 |

| 3학년 이상 | 3학년 이상 | 유아 전 5권 | 유아 |